sic! ?

DE L'AN MILLE A DIX-NEUF CENT

Vraie Noblesse
Nul ne blesse

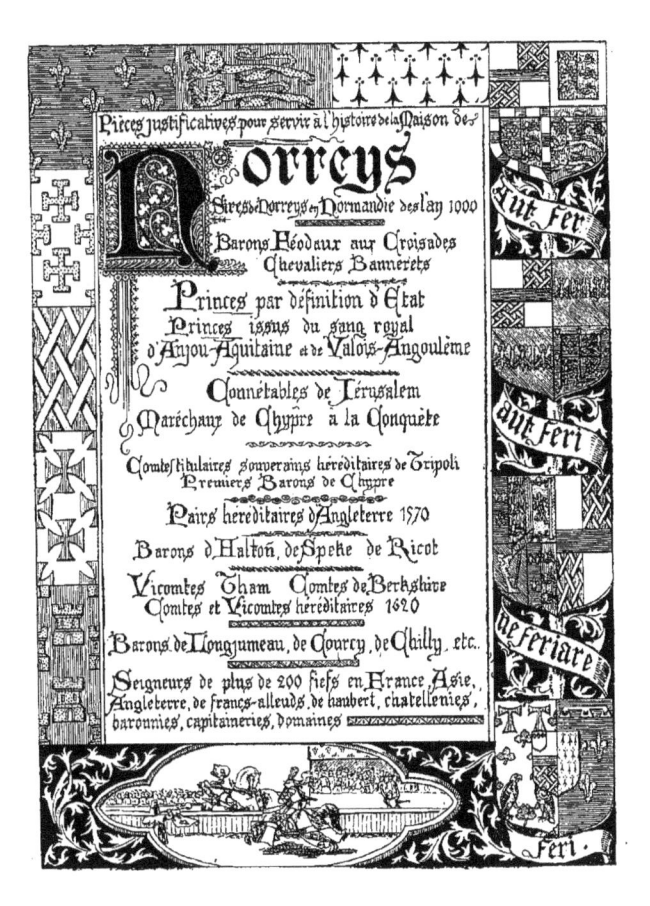

Pièces justificatives pour servir à l'histoire de la Maison de

Norreys

Sires de Norreys en Normandie dès l'an 1000

Barons Féodaux aux Croisades
Chevaliers Bannerets

Princes par définition d'État
Princes issus du sang royal
d'Anjou-Aquitaine et de Valois-Angoulême

Connétables de Jérusalem
Maréchaux de Chypre à la Conquête

Comtes titulaires souverains héréditaires de Tripoli
Premiers Barons de Chypre

Pairs héréditaires d'Angleterre 1570

Barons d'Halton, de Speke, de Ricot

Vicomtes Tham Comtes de Berkshire
Comtes et Vicomtes héréditaires 1620

Barons de Longjumeau, de Courcy, de Chilly, etc.

Seigneurs de plus de 200 fiefs en France, Asie,
Angleterre, de francs-alleuds, de haubert, chatellenies,
baronnies, capitaineries, domaines

Inventaire d'une Bibliothèque

DE FAMILLE

HISTORIQUE, HÉRALDIQUE & NOBILIAIRE

CATALOGUÉ PAR ORDRE ALPHABÉTIQUE
et annoté d'après des Documents véridiques

Deuxième Fascicule

Arrêté au Premier Janvier M.C.M.

Tirage à Cent trois Exemplaires numérotés

Blasons dessinés par J. Van DRIESTEN
OFFICIER D'ACADÉMIE, COMMANDEUR DU CHRIST, ETC., ETC.

Voir les ouvrages sur la houille déjà à la bibliothèque, notamment sous la cote Lm^3_{2314} et N°

Inventaire illustré de Norreys de Louppmeau, grand album in-f°, relié cuir vert, don de 1914. Quinze planches 18×24^2

EXEMPLAIRE N° 02

Offert à la Bibliothèque Nationale rue de Richelieu Paris

Fortmany   Janvier 1901

LE PREMIER FASCICULE

a été l'analyse des 3.000 volumes composant une bibliothèque détruite à Paris pendant les troubles de 1870-1871, estimée 15.000 francs, selon acte de notoriété des 29 décembre 1871, 3 et 14 janvier 1872, dressé sur papier timbré, enregistré le 15 janvier 1872, collationné par M° D.-H. Simon et son collègue, notaires à Paris, le 20 janvier de la même année ; réenregistré le 23 du même mois, et déposé au Conseil municipal de Paris.

Fut l'objet d'une proposition d'indemnité **refusée**.

CERCLE ARTISTIQUE & LITTÉRAIRE
7, Rue Volney

Le Prince
Ferdinand de Norreÿ
ancien Officier supérieur
 cercle Militaire
et 10 rue de Greffulhe
 Paris

LE TROISIÈME FASCICULE

est l'état actuel des archives de famille (propriété du prince Ferdinand).

Divisé en quatre chapitres :

I. — Relevé des épitaphes et effigies tombales sur les monuments élevés aux membres de la famille, depuis ceux que l'on retrouve encore en Orient des chevaliers morts aux croisades, celles de Normandie et d'Angleterre contemporaines de la conquête, jusqu'à nos jours en Europe.

II. — Traduction des vieux parchemins et originaux de toutes époques concernant les maisons de Norreys et de Longjumeau ainsi que les brevets et diplômes, etc., etc.

III. — Originaux et copies notariés sur papier timbré légalisé des preuves de noblesse, maintenus des droits et prérogatives des gentilshommes, certificats des roys d'Armes, généalogies officielles, etc., etc.

Lettres des souverains personnellement adressées aux membres de la famille, et lettre d'iceux à divers monarques.

IV. — Catalogue des albums d'estampes, gravures, portraits de famille, illustrations diverses, vues et plans des divers domaines que les seigneurs de ces maisons ont possédés ; depuis les fiefs de chevalerie, en partage féodal, tenus franc par l'épée, de haut ber de franc-alleu, baronnies féodales, capitaineries, chatelainies, ainsi que les domaines modernes terres titrées avec la date des actes d'hommage au Roy.

FERDINAND

PRINCE, COMTE ET BARON DE NORREYS DE LONGJUMEAU, BARON DE GAILLART
BARON DE HALTON, DE SPEKE, DE CHILLY, DE COURCY, D'ESCRENNES, DE MARIGNY, etc.
COMTE DE TRIPOLI ET D'EDESSE, PREMIER BARON DE CHYPRE, etc.

LE QUATRIÈME FASCICULE

sera le catalogue des ouvrages recueillis depuis l'année 1900 et destinés a être ajoutés aux précédents et légués à la Bibliothèque municipale de la Ville de Nice, département des Alpes-Maritimes, en vertu du codicille d'un testament enregistré le

et déposé avec un exemplaire de ce Catalogue entre les mains de M. le maire, L.-N. Honoré Sauvan, le

LE PÈRE ANSELME

Né 1625, † 1694.

 N° 1. — Le Palais de l'honneur ou la science héraldique du blason. — *In-4° de 711 pages avec blasons et table des armoiries, relié veau de l'époque, frontispice et nombreuses planches gravées d'armes et d'ordres de chevalerie avec leur historique, etc., etc., Paris 1686 (bel exemplaire).*

Page 334 : généalogie de **Balzac**.

Mariage d'Anne, fille de Michel, seigneur de Longjumeau et de Souveraine de **Valois-Angoulême** avec Thomas de Balzac de Montagu (leurs tombes se trouvent aux Célestins de Marcoussis ; ce beau monument où ils sont représentés en effigies a été reproduit notamment dans la collection Gaignières), fils de Pierre, seigneur d'Entragues, gouverneur de la Haute et Basse-Marche, et d'Anne de **Mallet de Graville**, sa cousine, dame de Montagu, fille de Louis, **Amiral de France**.

De ce mariage sortirent trois fils, deux continuèrent la postérité ; le troisième, Charles, fut **évêque et comte de Noyon, pair de France**, trésorier de la Sainte-Chapelle de Paris ; et cinq filles, entre autres Louise qui épousa **Jean de Créquy**, auteur de la maison encore existante. Anne, femme d'**Antoine de Monchy** dont Jean épousa en 1596, **Marguerite de Bourbon**. Ses filles épousèrent entre autre le marquis de Bonnivet, l'autre le baron de Mailly dont postérité ; le cadet, Georges, donna naissance aux maréchaux d'Hocquincourt, du nom de Monchy.

Page 390 : Généalogie d'**Etampes de Valancey**.

Anne Robertet d'Alluye, fille de Michelle, dame de **Bury** de **Brou**, etc., fille de Michel, seigneur de Longjumeau, épouse Claude d'Estampes, seigneur de la **Ferté-Nabert**.

Page 394 : Claude de La Fayette, épouse Michel, seigneur de Longjumeau ; elle était fille de **Claude de Motier de la Fayette, baron de Saint-Romain, de Maffliers**, de la **Malmaison**, etc., et de Marie de Suze, dame de Versine, fille de Philippe et de Claude **de Villiers-l'Isle-Adam**, et petite-fille de François de La Fayette, dont la mère était **Isabeau de Polignac**. Cette alliance se retrouva ailleurs, notamment dans Moreri, volume V, page 67 ; elle donna naissance à la branche cadette de Picardie. Ce Michel était second fils de Michel III et de Louise d'Ailly ; il était seigneur du **Fayet**, de **Raucourt**, son mariage date du 30 juin 1576 ; son épouse mourut le 2 mai 1607, il en eut huit enfants.

1° L'aîné Louis, mort en 1626, fut chambellan du prince de Condé (voir pour sa descendance à l'article du comte de Waroquier. Ce Louis eut deux frères ;

2° Michel, baron d'Escrennes, tué sans postérité au siège de Perpignan en 1642 ;

3° Jean, seigneur de Raucourt, qui épousa : 1° Antoinette, morte le 9 juillet 1626, fille d'Antoine de Monchy de Sénarpont et de Jeanne, fille de François **Ollivier de Leuville**, chancelier de France ; 2° Françoise de Festart de Saint-Germain, près Crépy-en-Valois ;

Ses sœurs épousèrent 4° **Marie**, Jean de **Dauvet de Rieux, baron de Pins**, président de la Cour des Comptes, dont postérité ;

5° Charlotte, épouse de seigneur de Monister de Saint-Maure, en Champagne ;

6° Catherine, épousa Étienne de Guillibert de Verdun, en Dauphiné ;

7° Souveraine, épousa Robert de Brachet, dont la famille de nos jours ;

8° La dernière demoiselle de Longjumeau, de ce mariage épousa Waldin, baron de Saint-Evre.

Page 524 : Mariage de Bernarde de Longjumeau avec **Jean de Montmorency**, fils de Gabriel, seigneur de Bours, et de Michelle de **Bayencourt de Bouchavannes**, et petit-fils de Nicolas qui avait épousé, en 1512, Anne de **Rouhaut de Gamache**.

Bernarde donna huit fils et six filles à son époux, d'où une illustre postérité pour le mariage des demoiselles. Les mâles ont formé les Montmorency de nos jours, selon Du Chesne, dans son histoire de cette maison, Le Laboureur de Courcelles, la *Revue Nobiliaire*, année 1867, etc., cette nombreuse descendance fait l'objet de plusieurs notes que l'on retrouva à leur place avec les articles sur des descendances collatérales de la famille. Page 391, la postérité d'Antoine **d'Estrées de Cœuvres**, premier baron et sénéchal du Bourbonnais, chevalier des ordres, gouverneur de la Fère, grand-maître de l'artillerie, qui épousa Françoise Babou de la Bourdaisière, dont la mère, Françoise Robertet d'Alluye, était fille de Michelle de Longjumeau, dame d'Alluye, de Bury, de Brou, etc.

De cette alliance est sortie **Gabrielle** qui, par le Roy Henry IV, est trisaïeule de **Victor Amédée II**, quinzième duc **de Savoye**, premier roy de **Sardaigne** et de Sicile, dont la descendance se trouve notamment dans les maisons régnantes de France, d'Espagne et de nombreuses autres. Le juge d'armes d'Hozier a délivré des certificats pour cette parenté ; elle se trouve exposée en détail sur les tableaux catalogués à la section des généalogues imprimés de cet inventaire.

Notamment aux tableaux XVI, XVII, XVIII, ce dernier donne la succession des filiations ayant Michelle et Marie de Longjumeau, aïeules en ligne féminine de Don Carlos, duc de Madrid, de François II, roy de Naples, de Victor Emmanuel II, roy d'Italie, grand père du roy Charles Ier de Portugal et du prince Victor Napoléon-Bonaparte, le *Bulletin de la Société des sciences du Blaisois*, années 1836 et 1852, donne une partie de cette descendance avec d'autres ouvrages catalogués plus loin.

N° 2. — HISTOIRE GÉNÉALOGIQUE DE LA MAISON DE FRANCE. — *Grand in-folio, relié veau du temps; divisé en vingt chapitres, avec 18 grandes planches généalogiques, gravées avec des centaines de blasons écartelés des maisons souveraines, Amsterdam, 1713.*

Aux deux tables, celle des princes et des princesses et celle des noms de famille, dont on donne la généalogie, on place la maison des seigneurs de Longjumeau, et, page 106, le mariage de Souveraine avec Michel, seigneur de Chilly, de Longjumeau, etc, etc.

Dans son historique des ordres de chevalerie le Père Anselme, dit, page 171, que l'ordre de l'Épée, fut fondé en 1195 par Guy de Luzignan, et qu'il le donna à ces barons le jour de la fête de l'Ascension, dans l'église cathédrale de Sainte-Sophie de Nicosie.

Cet ordre est l'Ordre Royal de Chypre, que reçut Baudouin Ier de Norreys. Il y en eut un autre fondé par l'héritier du trône. Pierre de Luzignan, comme comte de Tripoli devenu X^e roy de Chypre en 1358, le conféra en 1363 à Jacques Ier de Norreys, grand turcoplier et gouverneur du royaume. Ambassadeur à Rome, etc.

Dans les éditions de 1726 et 1733 détruites, selon le premier fascicule de ce catalogue, dans la bibliothèque en 1870, on retrouve, avec presque toutes les alliances de la famille, le relevé authentique de nombreux documents, notamment (volume VII, chapitre VI, pages 921-922), la chronologie des grands patrons des galères de France.

Michel de Gaillart, chevalier, fut un de ces **grands officiers de la Couronne**, le père Anselme le place sur sa liste entre Jean de Chambrillac et Bernardin des Beaux.

Ce gentilhomme fut seigneur de Longjumeau, de Chilly, de Villemourans, de Saint-Michel, de Villermont, etc.

Chevalier à la bataille de Monthléry, le 3 mars 1465, dont Jean de Salazar commandait l'avant-garde (sa petite-fille, Bernarde de Salazar, fut mère de la femme de Michel III de Longjumeau), et commandant 100 hommes à la bataille de Nancy, en 1477 (voir *Ladvocat*).

Grand patron et capitaine général des galères de France, dès 1478, amiral de Provence et du Levant (de Courcelles).

On sait que les descendants des grands officiers de la Couronne étaient dispensés des preuves de Cour.

Il fut **gouverneur de Chauny**, châtellenie et Ville Royale, charge qu'il tenait de la Duchesse d'Orléans, et qui lui valait 375 livres, dont il se démit le 24 août 1478, et reçut 3.208 livres.

Le Roy lui fait don le 7 avril 1480, de 1.000 écus d'or pour ses bons services.

Il avait été **ambassadeur** et procureur du Roy, en 1472, auprès du **duc de Milan**, dans la procuration du Roy signé à Fontenay-le-Comte, il est qualifié d'amé et féal conseiller.

Il signe des pièces comme conseiller du Roy Louis XI et son **maître d'Hôtel**, avril 1480.

Il fut confirmé le 6 janvier 1497, par le Roy Charles VIII, dans sa charge de **général des Finances de France**, qu'il tenait du feu Roy depuis 1474, dirent les brevets (Simon Fournival), avant d'avoir été nommé à ce poste, il touchait 8.000 livres tournois comme maître de la Chambre des Comptes.

Il fut conseiller au Grand Conseil en 1485.

Des lettres du 6 juin 1468 lui renouvellent pour neuf ans la ferme du Sel en Poitou, privilège qui valait 15.000 livres tournois chaque année.

Dans l'*Histoire du Languedoc*, par les Bénédictins de Saint-Maur, on le voit président les États de la province, en avril et mai 1476.

M. de Mauld, dans ses documents officiels sur l'histoire de France, donne les procès-verbaux des séances du procès de la Reyne Jeanne, à Amboise, en 1498, où ce chevalier et son père furent témoins dans les séances des 10 octobre et 3 décembre, il est qualifié de **Nobilis et generosus vir, Dominus** Michel Gaillart, **Miles**, etc., etc.

On voit le nom de ces deux gentilshommes reparaître souvent dans le recueil en 24 volumes que M. Pardessus, membre de l'Institut fit des ordonnances des Roys de France.

De même dans les documents inédits publiés par ordre du Gouvernement par M. Bernier, réunissant les procès-verbaux du Conseil de Régence du Roy Charles VIII, de 1484 à 1485, on trouva ce chevalier dans plus de vingt séances, comme général des Finances.

On conserve au cabinet des titres et aux archives de famille d'intéressantes lettres de lui au Roy Louis XI, ces autographes signés comme **général des galères**, avec de très instructifs détails sur les frais et obligations de sa charge et son commandement sur la Méditerranée, en rapport avec le Dey d'Alger et Bey de Tunis, le grand maître de Malte, et comme **capitaine d'Aigues-Mortes** ses droits sur la côte jusqu'à Toulon, une des raisons dit de Courcelles, de ses titres d'Amiral de Provence et du Levant ajoutés à ceux de capitaine général, de la marine et grand patron des galères.

Le 24 août 1478, il donne quittance de 8.000 livres pour les frais de navigation sur les 30.000 livres qui lui sont dûs comme grand patron, capitaine général des galères.

Il réclame au Roy des avances de 20.000 écus pour la construction de nouvelles galères et lui signale l'importance de la création d'un nouveau port dans la Méditerranée, celui d'Aigues-Mortes étant mauvais, pour lequel il demande 40.000 livres et 5.000 écus pour l'entretien des anciences galères, la nécessité de la création d'un havre à Port-Vendres.

Il fut conseiller du Roy Louis XI. A son avènement au trône, Charles VIII le confirma dans cette charge en 1483, et Louis XII fit de même par brevet de 1498.

Il fut chevalier de l'ordre du Roy par brevet de mars 1498 et mourut estimé de tous, après une longue carrière, étant né sous Charles VII et ayant servi avec honneur successivement dans diverses hautes dignités sous Louis XI, Charles VIII et Louis XII.

Il fut inhumé dans la chapelle de Saint-Etienne de son château de Chilly, qui a toujours été la demeure des seigneurs de Longjumeau. Cette baronnie étant composée de ces deux fiefs, plus ceux de Massy, Gravigny et Balisy.

C'est une faute de certains, de fixer sa mort à 1522 : un document sérieux se trouve dans l'épitaphe de sa deuxième femme qui trépassa, selon l'inscription, le 9 septembre 1504 ; elle y est qualifiée de veuve. Cette tombe a été reproduite dans la collection Gaignières. MM. de Waroquier et d'autres, avec l'épitaphier du vieux Paris, en donnent copie.

Volume VI, pages 112 et 321 : Enguerrand de Marigny, exécuté en 1315, frère d'Alix, qui épousa Jean d'Ailly, seigneur de Sains, à qui elle porta en dot la **Baronnie de Marigny**. (Haudiquier de Blancourt, page 481, cite le même fait.)

Sa descendante, Louise de Sains d'Ailly-Nesle, la porta dans la maison de Longjumeau par son mariage avec Michel III, a qui elle donna treize enfants dont l'aîné, Nicolas, est le 8e aïeul du prince Ferdinand.

Volume VIII, page 852 : François de la Fontaine, **baron d'Oignon**, épousa une des six filles de Bernardes de Longjumeau qui eût aussi huit fils.

Ce capitaine qui était très sévère pour la discipline de ses hommes, fut un des premiers à exiger un rang parfait. C'est de lui que serait venu « En rang d'Oignon » pour une symétrie parfaite dans l'alignement militaire. Au volume III, page 614, on donne trois générations de sa postérité.

Françoise Robertet, fille de Michelle de Longjumeau, épousa à Blois, le 6 décembre 1539, Jean Babou de la Bourdairière, Bailly de Gien, gouverneur de la Touraine, grand-maître de la garde-robe, on sait que sa fille épousant en 1555, **Antoine d'Estrées**, marquis de Cœuvres, chevalier des Ordres, gouverneur de Paris et de l'Ile de France, fils de Jean, grand-maître de l'artillerie, et de **Catherine de Bourbon**, la rendit l'aïeule de la **Belle Gabrielle**, dont les enfants légitimés par Henry IV se trouvent à la tête des plus illustres lignées de souverains.

Volume IV, page 361, 371, édition de 1728 : Le mariage de **Baudouin de Norreys** avec Estefanie du Plessis, septième fille sur dix enfants, et André Duchesne, dans son histoire de la maison du **Plessis-Richelieu**, dit qu'il en eut deux fils et deux filles, mariées dans les maisons de **Pequigny, de la Beaume de Montrevel, de Montguiscard.**

Volume II, page 602, édition 1726 : Le mariage d'Eschives de Norreys, fille du **comte de Tripoli**, avec Philippe de Luzignan, **prince de Galilée**, neveu du Roy.

AUDIN

N° 3. — Histoire de Henry VIII. — *Deux volumes in-8° de 495 et 483 pages reliés dos veau; avec lettre de Mgr Sibour, évêque de Digne*; *Louvain*, 1847.

Volume II, page 59 : Mariage du Roy avec Marie de Boleyn, ayant deux témoins dont le premier Henry de Norreys et deux valets de chambre. Cet auteur ne commet pas la faute de certains, qui ne surent pas traduire. Les valets de chambre sont complètement séparés des deux témoins qui étaient gentilshommes de la chambre du Roy. Les valets étaient en service de domesticité. Henry de Norreys, avait l'honneur d'être témoin royal. Du reste, M. Audin ne se trompe pas sur des détails de faits. Comme d'autres ignorants, qui omettent non seulement la « **,** » (virgule), mais la conjonction « et ».

Page 191 : L'auteur commence la relation des événements de 1536. Norreys, cité comme un des officiers de la maison du Roy. Dans le compte rendu du tournoy du 1er mai des pages 193 à 212, il est dit qu'à la suite des joutes le Roy, accompagnant Norreys, fit tout pour le sauver, tenant constamment son cheval à côté de celui de son gentilhomme. S'il voulait la perte de la Reyne, il ne voulait pas celle d'un des seigneurs les plus brillants de sa cour et son favori, mais rien ne put ébranler le courage de Norreys à soutenir la Reyne.

La mort héroïque de Norreys, qui s'offrit sans peur au bourreau est relatée, et son exécution par le **billot** constatée, Smeaton seul fut pendu comme roturier.

L'auteur rend hommage à la noblesse de la personne de Norreys et à l'élévation de son caractère. Au dernier moment; le Roy lui offrit encore la vie, mais sa fière réponse : « Qu'il souffrirait plutôt **mille morts** que d'accuser la Reyne, l'exaspéra. »

Il garda un silence obstiné et sur l'échafaud il subit la mort la plus courageuse.

On peut voir les papiers d'État (Volume V, 1ʳᵉ partie, page 435 et 453), la relation officielle de cette exécution, où il est dit que ce gentilhomme se présenta **armé de toutes pièces**, à cheval, en tenue de **chevalier**.

On peut lire aussi la lettre de l'ambassadeur d'Espagne à **Charles-Quint**, qui confirme ces faits, et on conserve, à la bibliothèque Nationale, une lettre d'un gentilhomme Portugais, témoin oculaire de l'exécution du 17 mai 1536 (publié par M. F. Michel).

Le *Journal de Dijon*, des 11, 15 et 18 novembre 1826, contient des vers en vieux français sur cette exécution.

On peut aisément mettre à néant les relations d'Ignards qui parlent de pendaison pour Norreys, qui du reste ne sont reproduits que par des écrivains sans autorité.

Lignard déclare que Smeaton seul fut pendu. On décapita Norreys, à cause de son rang avec le vicomte de Rochefort.

Il fut enseveli dans la tour, ou l'on retrouve encore ses restes avec ceux de la Reyne, selon *Grey Friars Chronicle*, qui dit : jugé le 13, décapité le 17.

Paul de Musset employa même l'expression « coup de hache ».

Le baron de Roujon, dit aussi « billoté ».

Le comte de Lally-Tollendal consacre dans la *Biographie Michaud* un bel article ou il ne tombe pas dans l'erreur de la pendaison non plus que M. Empis, de l'Académie Française, avec les historiens du Thiel, David, Hume, de Larrey, Benger, Dugdale, l'*Univers*, histoire des peuples, période des Tudors, tome II, pages 62-63.

Avec les témoignages des pièces authentiques, conservées, manuscrites. La narration de ces historiens qui font foi rend négligeable tout autre commentaire, comme on pourra le voir dans la suite.

Note.

On a différemment écrit le nom de Norreys, cette dernière façon a été adoptée uniformément ici comme étant la plus correcte. Il serait oiseux de s'égarer dans toutes les transformations que certains ont pu lui donner, et qui souvent proviennent même de faute d'impression.

On maintiendrait la confusion en n'arrêtant pas immédiatement ces errements. Ce qui ne change rien à la transcription intégrale de la rédaction des auteurs cités, quant aux faits, et ce sont eux qu'il faut préciser ne corrigeant l'orthographie du nom et qu'ils soient bien applicables au membre de la famille dont ils font mention, voilà l'essentiel.

La maison a eu des branches dans divers pays où la forme même de la langue exigeait une altération orthographique.

L'italien n'a pas d'**y**, c'est devenu Norres, l'**é** se prononçant **i**, dans d'autres langues, la confusion a été explicable sans aller chercher l'origine primitive qui serait Norre. La famille descendant du **prince-roy Norre** le fondateur de la Norvège, et un de ses premiers souverains.

M. Ormerod a savamment traité la question dans son rapport, lu le 4 avril 1850 à la Société historique, il pencha pour l'origine norvégienne; ce travail est analysé à sa place plus loin avec d'autres sur la même question étymologique.

L'abbé d'Expilly, en parlant de la paroisse de Norrey, écrit Norré, en disant qu'elle compte soixante-dix feux.

M. Lavallé cite une dame du lieu qui, en 1683, écrivait son nom Noré.

Mais c'est surtout avec la latinisation des noms dans les vieilles chartes que la traduction a donné lieu aux fautes. On trouve dans Mathieu, Paris et Orderic Vital : *Nucereto, nucerctum, nucento, nuereto, norensi, norisco, noriscus, norensis*.

M. Cocheris, dans ses origines des noms, dit que Nozay près de Longjumeau, s'écrivait primitivement Noray.

On a aussi écrit Nouré, Norei, Norais.

ANECDOTES ITALIENNES

N° **4**. — *In-8°, de 452 pages, reliés dos veau ; Londres,* 1842.

Aux pages 292, 223, 294, Valery, l'auteur de cette réunion de biographies, parle de Pierre de Norreys qui fut banni de Venise pour avoir tué son adversaire en duel, ce dont son père, Janson de Norreys, mourut de chagrin : Ce qui ne lui serait pas arrivé, dit-il, s'il avait attendu pour voir la fortune que ce fils unique se fit plus tard dans les lettres à Rome, où ses talents furent des plus appréciés.

Il laissa de nombreux ouvrages, manuscrits. Tenu en très grande estime par plusieurs cardinaux, et spécialement affectionné par **Le Tasse**, dont il était l'intime, ayant peine à s'en détacher, l'accompagnant sans cesse partout dans Rome.

En continuant, l'auteur ajoute qu'il était de **famille Normande** d'origine.

Cette constatation d'origine normande est bonne à retenir ici, on peut de suite ajouter quelques preuves de ce fait de **nationalité Française** qui est incontesté par les érudits. Il est bon de remettre les autres à leur place.

Jacques de Luzignan né en 1537, mort à Paris aux frères prêcheurs en 1595, en religion le « **Père Etienne** », créé **évêque par Sixte-Quint**, auteur de l'*Histoire de la maison royale de Chypre*, imprimée en 1579 et des généalogies des soixante-sept nobles et illustres familles parties de France, publiée à Paris en 1587, affirme le fait de l'origine normande pour les Norreys : **premiers barons de Chypre, comtes de Tripoli**, seigneurs de cent fiefs du royaume, etc. Cet auteur fait foi comme historien : la dignité de son caractère, du reste, écarte toute suspicion en la matière.

Il était à même d'en parler, les chevaliers de Norreys étaient directement alliés par mariage avec de nombreux membres de la famille des **roys de Jérusalem, de Chypre et d'Arménie**.

La princesse Eschives de Norreys, épouse du **prince de Galilée**, était son aïeule directe.

Ce prince Philippe de Luzignan était neveu du Roy Jean II et de **Charlotte de Bourbon**, et le plus proche du trône. Il eut le titre de prince de Galilée, lui venant de son père Henry, tué en 1425, fils de Jacques Ier, XIIe roy de Chypre, et d'Agnès de Bavière, titré comme tous les grands feudataires ainsi que les Norreys qui furent premiers barons de Chypre, comtes de Tripoli.

Il était en situation de ne pas épouser une personne d'origine inconnue.

Son descendant avait toute autorité pour établir le fait.

Un autre historien important, **Niceron** dans ses mémoires des hommes illustres, dit : « Alexandre de Norreys, père de Henry, fait cardinal, le 12 décembre 1695, par Innocent XII, descendant de la famille émigrée de Chypre ;

Voilà encore la vérité, mais l'auteur se trompe, quand il ajoute que la famille s'est répandue jusqu'en Irlande, ce qui fait que des étourdis et des écrivains ignorants, l'en font descendre comme origine, ce qui est faux.

La soi-disant branche irlandaise est moderne, et n'existe que de nom, par substitution.

Elisabeth, fille unique du capitaine Thomas de Norreys, mort des suites de ses blessures, le 6 septembre 1599, porta en dot les grands biens de son père à son mari, qui à la faveur de ce mariage fut créé baronnet, et dont les descendants prirent plus tard, en 1838, le nom de leur aïeule maternelle.

Le cardinal ne pouvait pas descendre de là ; à sa naissance, 1631, cette famille de Norreys, par substitution, n'existait pas : le nom n'a été pris par les Jephson que plusieurs générations après, en 1838.

Aussi, dans aucune biographie ancienne ne trouve-t-on cette origine ; ce sont les modernes qui ont fait cette faute de rattacher le Cardinal à l'Irlande, la chronologie généalogique est là pour empêcher le fait.

Mais ce Thomas de Norreys descendait de la famille normande de la maison, originaire de Norrey, et qui s'est illustré en Angleterre, de même que la branche **princière de Chypre**, qui s'est détaché du même tronc français, sans passer par la Grande-Bretagne.

La célébrité d'une branche ne peut que rehausser l'illustration de l'autre, mais n'a pas à en descendre pour cela.

Le livre du lignage, manuscrit du Vatican, André Duchesne, Chauffpié donnent l'origine normande avec d'autres, dont on voit les ouvrages dans la suite.

Des auteurs superficiels modernes ont tout simplement recopié une première erreur faite par un ignorant.

Firmin Didot, dans un article signé P..., dit que Janson de Norreys prétendait être normand!!! il devait bien le savoir ce nous semble, et cela mieux que P..., cette prétention n'a rien de si exagérée qu'elle puisse suffoquer ce brave P..., si prétention il y a, je suppose que s'il avait été auvergnat il l'aurait dit, il y a de braves gens en Auvergne.

P..., ajoute que ce savant, car il reconnaît que Janson de Norreys avait cette qualité, vécut à Venise, des charités de quelques patriciens! Où va-t-il chercher cette niaiserie. **Ce gentilhomme** était **patricien de Venise** lui-même (voir plus loin les pièces) et plus noble d'origine que ceux dont parle l'auteur sans les connaître.

Il avait épousé Catherine, fille unique et héritière de Jacques, dernier comte d'Edesse. Par ce fait, le titre de **Comte d'Edesse** se trouve porté dans la maison de Norreys.

Sa pauvreté était trop honorable pour que sa fierté eut à en souffrir, en tout cas.

Il était victime de l'héroïque attachement de sa famille à la royauté légitime.

La maison de Savoye aurait à réparer les pertes de Sire Galtier de Norreys qui a lui seul se vit confisquer près de quarante domaines pour son inébranlable attachement à Charlotte, duchesse de Savoye et condamner à mort avec son fils.

Le Conseil des Doges assuma une part des responsabilités. Après le naufrage sur les côtes de Pendaia de Galtier de Norreys et de Louis de Norreys, où ils accompagnaient la **Reine Charlotte** dans sa fuite.

Son navire se brisant sur les côtes, il fut capturé par les troupes de l'usurpateur, qui, respectueux de la grandeur des Norreys, ses puissants parents. Car, en somme, Jacques le Bâtard, était fils du Roy, et Norreys son cousin, premier baron de Chypre et petit-fils des Roys, mais cela en légitime mariage. En tout cas, reconnaissant ce rang il lui offrit la vie et la liberté s'il abandonnait la cause de la Reyne pour la sienne.

Mais la fière réponse de Norreys prouvant et son cœur et sa race, dit: « Qu'un gentilhomme qui changerait de foi pour ses biens ne méritait pas le nom d'homme. »

Irrité de cette noble attitude, l'usurpateur le condamna à mort avec son fils et fit confisquer ses biens.

Cette réponse est à comparer à celle d'un autre **Norreys** à un Roy sur le trône qui lui offrait aussi la vie pour trahir une femme et qui répondit qu'il souffrirait plutôt **mille morts**, et fut décapité.

Ce n'est pas à des hommes de cette trempe à qui l'on fait la charité selon ce bon biographe, ou d'autres qui ont pu écrire les mêmes absurdités.

Les archives conservent encore la décision du Conseil des Dix qui vota deux pensions, une de 800 besants de rente à Pierre de Norreys, un autre de 1.545 besants d'or à Galtier et dans le libellé des pièces, il y a « nobles, jadis des premiers du royaume », avec d'autres attestations de leur illustre origine.

Il est inscrit dans l'histoire, dit Henry Giblet, dans celle qu'il fit sur Venise et Chypre, que la fierté des membres de la famille était tombée en proverbe avec le dicton de **Loyauté de Norreys**.

Il y eut donc de cette branche expatriée, quatre gentilshommes qui se firent un nom dans les lettres, de père en fils.

Janson de Norreys qui mourut en 1590, après avoir publié ses ouvrages à Venise, Florence, Padoue de 1553 à sa mort, une douzaine de volumes sont arrivés jusqu'à nous imprimés.

Son fils Pierre, auteur de la vie du **Pape Paul IV**, des guerres d'Espagne, et d'autres publiés dans les archives historiques de l'Italie.

Alexandre de Norreys publia à Vienne en 1633 et à Bologne, des ouvrages, dont : *les guerres de Germanie de* 1638 *à la paix de Lubeck*.

Les dictionnaires historiques et bibliographiques de Haym, Geremia, Oettinger, Bistocci, Niceron donnent la liste de ces ouvrages.

Henry de Norreys, fils d'Alexandre, **cardinal** et bibliothécaire du Vatican, termine ses travaux avec sa vie, le 23 février 1704, ayant l'habitude de travailler quatorze heures par jour.

On peut ajouter César de Norreys, **évêque de Rovigno et de Parenzo** depuis 1573, qui laissa des manuscrits, de même que Guillaume de Norreys, président du **Sénat de Savoye**.

D'une race de preux, les Norreys ont su dans la pauvreté, venu de leur courage, se conquérir une réputation autrement que par l'épée.

ANECDOTES ANGLAISES

N° 5. — *Un volume in-8 de 720 pages, relié veau de l'époque*; Paris, 1769.

Classés chronologiquement à la page 414, il y a pour les faits remarquables de 1536, le tournois du 1ᵉʳ mai.

Henry de Norreys y est qualifié de **baron** et de **premier gentilhomme de la Chambre du Roy**. Son courage et sa noble attitude comme toujours sont l'objet d'éloges; malheureusement, après avoir fait dans toutes ses narrations preuve de savoir, et distinguant bien nettement les droits et prérogatives des gentilshommes, l'auteur tombe dans l'erreur de dire que Norreys fut pendu, sur les paroles de colère du Roy, le voyant fièrement répondre à ses offres de le sauver, s'il voulait abonder dans son sens, en accusant la Reyne.

Ces paroles mêmes sont mal traduites par beaucoup, et n'ont pas leur vrai sens, au pied de la lettre, et ne pourraient rien changer du reste, car ce n'était pas au monarque de décider du genre de mort, qui, en ce cas, n'était plus souverain, pour infliger une punition dont la cour des pairs seule disposait par des lois immuables.

Cette question est, du reste, aussi bien tranchée que la tête de Norreys le fut, et il n'y eut de pendaison que pour le musicien Smeaton, les documents officiels et les auteurs faisant foi, sont là pour établir la vérité.

Ces faits sont exactement mis à jour dans divers ouvrages de ce catalogue (voir le n° 3).

AIKIN (Traduction de Mme Alexandrine **ARAGON**)

N° 6. — Mémoires de la cour d'Élisabeth. — *Trois volumes in-8° reliés en un de 400, 412, et 347 pages chaque, avec table et portrait de la Reyne, Paris, 1827.*

Aux pages 23, 24, et 25 du premier volume, on semble ne pas beaucoup aimer les Norreys, cependant Mme Aikin ne peut s'empêcher de dire qu'Henry II se montra « plus généreux que tous », dans le procès de 1536.

Quant à ses idées étroites sur Henry III de Norreys, en 1570, on pourrait consulter de plus autorisés, pour émettre une opinion, il dut sa situation à son mérite que l'on fit, au contraire tout pour étouffer. Ce fils de l'infortuné gentilhomme, par sa naissance, était plus que les ambitieux de cour, et par le martyr de son père on lui devait encore plus. Il ne reçut aucune situation favorisée de sa sœur la Reyne à laquelle il était enchaîné par les lois du sang, que cette perfide souveraine méconnaît. Quand on parle des six frères du Norreys, en 1599, guerriers morts au champ de bataille, petits-fils du supplicié, on reconnaît le fait.

Le degré de parenté auquel l'auteur ne fait pas allusion, en parlant d'un autre, et que l'on retrouvera plus loin dans d'autres ouvrages, quoique toutes les pièces du procès de mai 1536 ont, par ordre, été détruites en Angleterre, est dans l'histoire et conservées dans des archives particulières de divers pays, que l'on a pu sortir depuis l'apaisement des passions.

L'archevêque de Canterbury avait déclaré, par sentence solennelle du 18 mai 1536, qu'Élisabeth était la fille d'Henry II de Norreys.

Les archives de Vienne renferment les pièces établissant le fait.

L'ambassadeur de **Charles-Quint** l'écrit lui-même à l'Empereur, et dit : « Élisabeth fut reconnue bâtarde, non point comme fille d'**Henry de Norreys**, comme se pouvait plus honestement dire : que pour avoir été née de concubine, etc. », cette lettre est du 8 juillet 1536.

Les dépêches d'Espagne de Pascual de Acyangos confirme les mêmes faits.

Paul Friedman dans sa vie d'Anne Boulen, fait les mêmes déclarations : « Élisabeth la Reyne, était la fille de Norreys ».

Le fils du martyr avait autant d'honneur que son père et gardait son secret à cette époque, et puisque cette authoresse parle blason plus loin, on peut de suite lui répondre « devise » et dire : « Plus d'honneur que d'honneurs aux Norreys ».

La devise **Loyauté de Norreys**, pour la branche d'Orient, établit que c'est un dicton plutôt applicable comme qualificatif, aux chevaliers de cette maison, qu'une devise prise de prétention, dont **Loyalement je sers** était une interprétation applicable aux mêmes caractères de famille, et qui se trouvent sur les vitraux du château de Bray dans la famille depuis le XIII° siècle.

Car, coïncidence étrange, deux Norreys furent dévoués jusqu'à la mort pour deux Reynes, chacun ayant leurs biens confisqués, aux mêmes temps d'héroïque chevalerie.

L'un pour Charlotte, Reyne de Chypre, duchesse de Savoye ; l'autre pour Anne, Reyne d'Angleterre.

Certainement, si sur des terres si éloignées les unes des autres, le même dicton échut proverbialement aux représentants de la même famille, il n'y avait d'entente entre eux, dans un siècle de preux, qu'un courage natif inhérant à la race.

MM. Ormerod, Hall et Harding, avec d'autres, font l'éloge d'une autre lignée de chevaliers de la famille, celle de la branche de Speke, et dit que, race martiale, ils se sont succédés en vaillants guerriers pendant quatre siècles, saisissant rapprochement pour les trois branches de la famille, issues de la même souche normande.

Le deuxième volume a de l'intérêt pour la famille aux pages 165, 176, 369.

Le troisième volume, aux pages 49, 95, 96, 97, etc. Il y est dit : « Les seigneurs de cette maison, tous braves et adonnés aux armes, l'aîné des six fils du baron de Norreys, comme ses cinq frères, tous capitaines de mérite », etc., etc., ici : quand l'auteur dit : **Les seigneurs de cette maison**, il n'entend que ceux de la branche des **barons de Bray et de Ricot**, dont il s'occupe. Pour la branche baronniale de **Speke** sortie de celle de **Halton**, venue de Norreys en Normandie, ainsi que celle des premiers barons de Chypre, comtes de Tripoli et d'Edesse, avec celle des colonies de Virginie, émigrée dans le comté de Lancaster avec charte royale de 1681, issue en ligne directe de l'aînée et maintenant l'unique héritière des autres, consulter d'autres auteurs, dont un grand nombre à ce catalogue.

Le général Jean de Norreys, dans une chaude rencontre en 1578 avec **Don Juan d'Autriche**, eut trois chevaux tués sous lui.

Nous verrons dans Strada, qu'il eut la main coupée dans une de ses téméraires rencontres.

Dans l'histoire des Pays-Bas, où il servit longtemps la cause de la Hollande, il est relaté que victime d'une tentative d'**assassinat à Anvers**, il n'échappa que par miracle, son indomptable énergie ayant eu raison des assaillants.

Il paraît que sa force physique avait des qualités spéciales, comme on le verra dans d'autres ouvrages, mais pour en revenir à ce numéro du catalogue... « Compagnon et élève de Coligny et de Henry IV, la science des armes qu'il avait acquise en France excitait la jalousie en Angleterre, et ce n'est que de basses intrigues de cour qui empêchèrent Jean et ses cinq frères d'obtenir les emplois les plus élevés, dignes de leurs mérites.

Ils avaient à la protection de la Reyne quelques droits héréditaires qu'elle ne manqua pas de reconnaître, autant que la jalousie extrême de ses favoris le lui permit, etc., etc.; l'auteur leur rend cette justice qu'ils n'étaient pas courtisans.

Le comte d'Essex était obscurci par la réputation que Jean de Norreys avait acquise en France avec Henry IV, sa valeur le gênait,

L'âme noire de Leicester ne pouvait lui pardonner sa supériorité: comme on peut le voir dans les correspondances particulières de l'époque, qui ont été mises à jour depuis.

Camden, Banks, Carew, etc., dirent que ce Leicester, avait l'âme encore plus noire que la peau, et lui donnent des sobriquets les moins flatteurs. On peut du reste voir son histoire particulière pour se convaincre de la traîtrise du personnage.

L'auteur parle anecdote plus loin et dit : « La reyne avait dans l'intimité familière l'habitude d'appeler la femme d'Henry de Norreys, « ma Corneille », par rapport au corbeau dans les armes de la maison. »

Bavardage et ignorance, il n'y a pas de corbeau, un serin serait plus fort en art héraldique, quand il s'agit d'oiseau.

Le premier cimier de la famille est une tête de belle jeune fille normande, son buste de carnation coupé au-dessus des seins, les cheveux blonds flottant sur les épaules.

Le deuxième cimier est un **Erne**, ou aigle des côtes de mer, que la famille adopta après le mariage de la dernière héritière de la maison normande de Erneys avec Henry de Norreys qui avait cet emblème comme armes parlantes.

Au lieu d'écarteler ce blason, on en détacha le symbole et le plaça en cimier, l'origine est connue; il n'y a pas le moindre corbeau, mais un aigle.

Les Norreys ont écartelé des armes aussi parlantes d'une autre famille, où il y a des oiseaux. Celles des Ravenscroft d'Alton qui avaient trois têtes de Raven, mais c'est un blason d'alliance et pas de la famille et qui n'a été porté que par les enfants issus du mariage de l'héritière de cette maison, **Mélisende**, avec Jean III de Norreys, baron de Bray.

Nichols, volume VII, page 242 : en héraldiste ne confond pas et donne parfaitement un aigle pour cimier aux Norreys, qu'il retrouva dans sa description topographique du domaine de Bray, qui était dans la famille depuis 1268, et où l'on voit sur les vieux vitraux et sculptés les armes des Norreys écartelées de celles d'Anjou-Acquitaine, de Plantagenet-Beaufort, dont Daniel Lyson, volume I, page 247, donne une reproduction coloriée avec la devise : « Loyalement je sers. »

Cette héritière de Erneys, qui avait apporté son aigle dans la famille, était la descendante du fils cadet de Raoul d'Anjou, comte d'Angers, qui prit le nom de Erneys, d'un fief entre Falaise et Norrey. L'histoire de cette famille se trouve dans le dixième volume de la Société des Antiquaires de Normandie.

Le domaine de Speke est sorti de la famille pour passer dans celle des **ducs de Saint-Albans**, par le mariage de Marie de Norreys avec le petit-fils du **Roy Charles II**, et ce qu'il restait de ces terres morcelées, fut vendu en 1797 pour 1.925.000 francs.

Dans les « Baronial Halles » on déplore la disparition de ce beau domaine : on dit que le manoir aurait dû être conservé, avec les magnifiques terres d'une aussi noble famille que la race martiale des Norreys, comme la prunelle de leurs yeux.

Il était dans la famille depuis **Jean Ier** qui est qualifié de **baron de Speke** dans des actes de 1292.

Le mariage de **Henry Ier de Norreys**, mort en 1418, avec Alice, fille de Roger de Erneys, n'apporta que le surplus des terres de Speke; son fils aîné Guillaume hérita du domaine et, par son mariage avec Elisabeth de Harrington, eut huit fils et sept filles qui formèrent la la branche du Speke. Le cadet Jean, fut à la tête de la branche de Bray (plus tard de Ricot, de Thame, Comtes et Pairs), par son mariage avec Mélisende d'Alton, dont le fils épousa Anne de la Mer.

APT (Les Évêques d')

N° 7. — *Un volume in-4, de 138 pages; Biographie et blasons des 92 prélats, depuis saint Auspice, jusqu'en 1778; Avignon, 1877.*

L'auteur de ce travail, M. Jules Terris, donne pages 118-119, une notice sur le 88ᵉ titulaire, Jean de Gaillard, **prince évêque d'Apt**, et dit que ce vénérable prélat ne porta jamais que les armes simples, sans jamais les écarteler. C'est une preuve que l'on retrouvera ailleurs, que ce digne ecclésiastique n'avait aucune prétention à descendre de l'union de la princesse Souveraine avec Michel, Seigneur de Longjumeau; dans l'élévation, de son caractère il se refusait à s'attribuer une origine qu'il savait ne pas avoir.

On conserve, à cet égard, aux originaux des archives, les lettres de Nicolas de Gaillart de Longjumeau et notamment trois qui ont été collationnées par Mᵉ B. Taillefer et son collègue, notaires à Paris, enregistrés et légalisés au tribunal, au ministère de la justice, etc., relatives à la descendance de cette branche.

On peut ajouter que ce prince de l'église, né le 22 mai 1634, mort le 28 janvier 1695, fut chanoine théologal de Coutances, de 1660 à 1671 et qu'il fut sacré dans l'église cathédrale de cette ville le 18 juillet 1671, il prit possession de son siège d'Apt, le 20 septembre suivant; qu'il fut procureur joint du clergé à l'assemblée des communes de Provence.

Il avait été archidiacre de Bayeux, en 1654, abbé de Tingré et d'Utrac.

Il devait être nommé cardinal, la mort seule arrêta la promesse du Saint-Siège et du Roy, il avait refusé l'évêché de Limoges.

Le revenu de son évêché était de 10.000 livres et comptait trente-trois paroisses, quatre abbayes, dont deux de filles.

Il mourut en exercice, dans son évêché, après un épiscopat de vingt-cinq ans et vingt-sept jours.

Il était prince d'Apt, seigneur temporel d'une partie de la ville et de nombreux fiefs environnants. Ces immunités avaient été conférées en 1355, par la Reyne Jeanne.

Il fut l'auteur du *Grand dictionnaire historique* ; le pape Clément X lui écrivit une lettre de compliment à ce sujet. Il confia ses travaux à son aumonier Moreri, âgé de trente ans, qui en fit une première impression, à Lyon, en 1674.

Verdiere, *Mémorial chronologique pour 1829*, page 109 et Michaud, *Biographie universelle pour* 1856, t. XVI, sont d'accord avec tous les auteurs (dont on verra l'analyse des ouvrages dans la suite), que le dictionnaire est l'œuvre de l'évêque.

Cette édition en volume unique, a un beau frontispice ou l'on voit les armes qu'il avait adoptées et une épître dédicatoire de l'abbé Moreri. (Voir ce nom.)

ARTEFEUIL

N° 8. — Histoire héroique de la noblesse. — *Deux volumes in-4° de* 549 *et* 608 *pages, reliés plein veau, de l'époque ; Avignon,* 1776, *avec tables.*

Frontispice gravé par Coussin, où se trouve gravées les armes de Longjumeau, comme syndic de la noblesse aux assemblées générales de 1754.

Six grandes planches de 121 *blasons gravés ; au troisième se trouve le blason Longjumeau, simple.*

Trois grands tableaux, gravés par le même, dont un pour les grandes dignités du royaume : on y trouve quatre fois le blason de 1481 *à* 1670. *Le second pour les dignitaires de Malte où l'on retrouve encore les mêmes armes ; le troisième dédié à la noblesse, le* 14 *mars* 1756, *avec le blason de Longjumeau, sur le tout d'un écartelé de Valois, de Villages, de Senas et de Gantes.*

Au Ier volume, page 430, on trouve, dans la généalogie, **Nicolas, fils aîné** de Michel et de Louise d'Ailly-Nesle de Sains, bien marqué à sa place. Mais on abandonne la filiation de cette **branche aînée**, qui descend de l'**Alliance royale** de 1512, pour s'occuper de la famille établie en Provence, dont l'auteur est Denis de Gaillart, dit le Pieux, maître d'hôtel du Roy, seigneur de Puteau (mais jamais de Longjumeau). Il est prouvé, par pièces originales aux archives, que ce fief patronymique fut l'héritage du fils aîné de Michel Ier, qui en fit hommage comme son père, au Roy, de même que son fils et petit-fils; hommage à la tierce foi, aux Roys Louis XI, Charles VIII, Louis XII, François Ier, Henri II, comme il sera amplement développé ailleurs.

Joanis Guigard, dit que ce fut Pierre-Joseph-Laurent de Gaillard de Ventabren qui fut l'instigateur de cet ouvrage et un des collaborateurs; en tout cas, il s'est beaucoup occupé de généalogie, et que c'est de son époque que date la version tendant à faire sa famille issue du mariage de Michel II. On verra, à l'article La Chenaye-Desbois, combien c'est impossible avec les dates authentiques alignées.

MM. de Waroquier, Chazot de Nantigny, Magnyer, Rousillon d'Hozier et d'autres, sont de cet avis.

L'abbé Robert de Briançon, est encore bien plus explicite, en accord avec de certaines pièces originales, autant aux archives de famille, qu'aux dépôts d'État et qui sont inventoriées à leur place.

La branche aînée, seule existante issue du mariage de la **princesse Souveraine de Valois**, a été formée par ce Nicolas, fils aîné ; il embrassa la réforme; ce qui fait que bien des auteurs ont écarté sa descendance, qui n'en existe pas moins, preuve en main, et dont on peut voir la filiation suivie aux tableaux XVI, XVII et suivants, catalogués à leur place.

La notice de sept pages sur la famille dit : « Son ancienneté répond à son lustre, une des plus illustres par les fiefs qu'elle a possédé, les charges dont ses auteurs ont été investis que par les belles alliances qu'elle a faite », etc., etc.

Elle était établie à Blois, selon une charte de 1140, conservée à l'abbaye de Bourgmoyen.

L'ouvrage étant alphabétique, on trouve classé, à leur lettre; les notices suivantes des familles qui ont une alliance directe par mariage et la postérité qui en est sortie :

d'Arbaud de Bargemont, 1587.
de Boyer d'Eguilles d'Argens, 1648.
Colla de la Madeleine de Pradine, 1639.
de Félix.
de Forbin Gardane.
de Foresta, 1647.
de Gantes, 1703.

de Glandeves de Pourrière, 1762.
de Gerente de Senas, 1656.
de Grimaldi, 1626.
de Guiran de la Brillane, 1627.
de Garon de Venel, 1656.
de Raffelis de Roquesente de la Roque, 1672.
de Villages de la Salle, 1636.

Ceci pour cette contrée seulement, car la famille a eu de bien plus nombreuses illustres alliances en France et en Europe, dont l'énumération a été faite par d'autres auteurs qui font foi; le Laboureur, André Duchesne, et les manuscrits authentiques contrôlés par actes originaux aux archives de famille.

ARGIS (Jules d')

N° 9. — LES SIX MARIAGES DE HENRY VIII. — *Un volume in-8°, de 475 pages ; Paris*, 1878.

Cet auteur admire le caractère de Henry de Norreys, et ne tombe pas dans l'erreur sur son supplice : il dit **décapité** ; il est question de lui aux pages 48, 68, 69, 75, 92, 93 à 99, 112, etc., etc.

La conduite du chevalier fut admirable pendant tout le procès. On lui offrit la vie, il refusa, ne cessant de répéter qu'il souffrirait plutôt **mille morts**.

Il s'est montré digne d'une Reyne, etc., etc.

Il porta jusque sur l'échafaud la grâce qu'il avait mise à toutes les actions de sa vie, mourant en martyr de l'amour, méritant de succomber pour une cause meilleure, etc., etc., ce ne serait que répéter l'admiration que Norreys excita chez tous les historiens que de continuer son éloge ici.

ARMOIRIES MUNICIPALES DE FRANCE

N° 10. — *In-4° sur papier de Hollande, blasons coloriés à la main, tirage à part.*

Dans cette compilation de MM. Hallez-d'Aros et de Figuières, une faute, page 5, du fascicule de Seine-et-Oise, est à relever. Les armes de Longjumeau, territoriales, sont celles de fief, devenu commune; ces armes seigneuriales furent concédées par François Ier.

Elles sont d'argent semées de trèfles de jardin au naturel ; en chef, deux croix de Saint-Antoine de gueules ; en pointe, deux perroquets affrontés au naturel, becques et membres de gueules, l'aile éployée.

La maison des chevaliers de Gaillart, seigneurs et barons de Longjumeau, Chilly, etc., reçut ces armes par concession du Roy et ne les porta qu'après 1512, et cela toujours d'après les mêmes lettres royales, parti de Valois-Orléans-Angoulême, pour la descendance du fils unique, issu du mariage de 1512, les autres branches n'ayant aucun droit à prendre ce quartier aux fleurs de lis de France. Les lettres de légitimation de 1521 ont enlevé le bâton péri en barre. Vertot et d'autres le donnent ainsi dans des preuves de Malte et ailleurs. Les armes de la famille était primitivement : Azur à la fasce d'or, chargée d'un cœur de gueules ; en chef, une fleur de lis d'or, accompagnée de deux molettes d'or ; en pointe, un quart de lune d'argent.

Le semis de trèfles a remplacé ce blason depuis le règlement d'armoiries de François Ier qui, comme on le sait, fut un grand réformateur en la matière.

Aucun décret n'a modifié ces lettres royales; les armoiries de la baronnie de Longjumeau sont toutes territoriales, devenues communales

La commune doit les conserver tel, comme héritière des immunités qu'elle a recueillies avec d'autres, comme les foires, bienfaits dus aux anciens seigneurs; ce fut Michel, seigneur de Longjumeau, qui obtint leur établissement du Roy, pendant son séjour chez lui au château de Chilly, dès 1518; cela a été une source de richesse pour le pays, où le Roy revint à plusieurs reprises, notamment en juillet 1537, où il y signa de nombreux actes demeurant chez son beau-frère, Michel de Longjumeau, dans le château de Chilly.

Quant aux armoiries, aucun changement officiel n'est intervenu, et on n'a pas a obéir à une pure fantaisie pour les changer.

Mais si les armes d'une race de gentilhommes, dont le blason est dans l'histoire, issus du sang royal, écartelant les fleurs de lis de France par droit de descendance, sont l'objet de telles fautes, elles peuvent se consoler en voyant qu'elles sont en bonne compagnie d'erreurs; car il est dit au 1er fascicule, page 3, que ce fut Henri V d'Angleterre qui, à la suite de la bataille d'Azincourt, s'arrogea, en conquérant, l'écu de France, qu'il joignit à ses armes.

Cette faute d'histoire n'est pas d'un héraldiste, historien ou chronologiste ; Azincourt est du 25 octobre 1415. Ce fut Édouard III qui, par décret de la 10e année de son règne, en 1340, adjoignit le quartier plein des fleurs de lis de France, aux trois léopards de Normandie-Acquitaine, devenue armes d'Angleterre depuis Henry II, qui, en épousant Éléonore d'Acquitaine, ajouta leur léopard, aux deux de Normandie, au lieu d'écarteler.

Sa mère, épouse d'Édouard II, était **Isabelle**, fille du roy Philippe de France, chacun sait cela, ce sont donc des armes d'alliances, héréditaires du sang.

C'est un bien grand tort que d'en attribuer l'usurpation par droit de conquête à un de ses successeurs; il y avait plus d'un siècle qu'on les portait, le seul droit qu'aurait eu Henry V de s'adjoindre les fleurs de lis, s'il ne les avait eu déjà serait du chef de sa femme Catherine, fille du roy Charles VI de France.

Il est regrettable de vouloir donner ce droit à la République qui n'a aucune alliance de sang.

Le blason des fleurs de lis fut réduit à trois par Henry IV d'Angleterre, comme ce fut Charles V qui fit de même en France, a été écartelé dans les armes du royaume de la Grande-Bretagne, depuis 1340 jusqu'en 1801. Un décret du 1er janvier de cette année les supprima.

Les souverains de la maison de **Hanovre**, arrivant pas substitution au trône, se rendirent parfaitement compte que le sang de France était trop diffus dans leurs veines depuis le mariage du 23 janvier 1307, qui leur avait apporté les fleurs de lis, et non par Azincourt, pour continuer à les porter. Ils avaient du reste les leurs propres à mettre à la place.

ANNUAIRE NÉCROLOGIQUE

N° 11. — *Cinq volumes in-8°, reliés dos veau; Paris, 1820 à 1829.*

Collection d'une multitude de biographies historiques, sur des personnages notables, décédés à cette époque; bons renseignements réunis par M. Mahul, avec table à chaque volume.

ANNUAIRE OFFICIEL DE LA NOBLESSE ITALIENNE

N° 12. — *Cette collection depuis sa formation jusqu'en 1895; format gotha, relié toile rouge doré de 1.300 pages environ; nombreux blasons en couleur et en noir dans le texte.*

Au nombre des familles inscrites on trouve l'historique des deux branches princières et comtales de Norreys, qui portent ce nom par substitution et tiennent à honneur, comme on le voit dans les notices, de descendre des anciens sires de Norreys, barons féodaux, d'origine normande, qui ont donné un si grand nombre de chevaliers de nom et d'armes, de noblesse imprescriptible.

Une est éteinte en la personne du prince Giovanelli de Norris, chambellan de l'empereur d'Autriche (on peut voir au n° 30 de l'*Adesprobe* les preuves rigoureuses de noblesse qu'il fallait fournir pour être chambellan), sénateur du royaume d'Italie, magnat de Hongrie, chevalier de Malte, baron, comte et prince de l'Empire, etc., né en 1824, mort en 1886, n'ayant pas d'enfants de son épouse la princesse **Chigi-Albani** dont la mère était la princesse **Doria-Pamphili**.

L'autre branche, les comtes Sizzo de Norris, a de nombreux représentants, et, quoique, avec bien des fautes dans des détails généalogiques, l'annuaire les fait remonter à la même origine féminine.

ALMANACH DE JEANNE D'ARC

N° 13. — *Publication sur papier fort de 18 pages de 32 centimètres sur 16, blasons en couleur, style gothique.*
Arbre généalogique du roy Louis-Philippe, incomplet.

APPELTON

N° 14. — CYCLOPEDIA OF BIOGRAPHY. — *Un volume in-8° de 1.058 pages, ramassis de biographies publiées en 1866 en américain.*

Les notices consacrées aux divers personnages, que les compilateurs ont tenté de réunir, sont aussi mal faites que peut l'être le produit d'un début.

A l'article Hassler, il faut lire :

Ferdinand de Hassler, né le 6 octobre 1770, mort le 20 novembre 1843, fils de Jean, né en 1743, mort en 1811, se distingua comme astronome et par ses nombreux ouvrages scientifiques, imprimés autant en Suisse, en France, en Angleterre, qu'en Amérique, d'une famille noble, dont la filiation, inscrite aux registres de l'état civil, remonte à Martin de Hassler, qui se fixa en Suisse en 1588.

Originaire de Hassella en Suède, elle fonda le Val Hassli, dont les habitants ont conservé un tout autre type que celui de leurs voisins allemands.

La Grande Encyclopédie, volume XIX, page 907, donna une meilleure note ; il est de fait que c'est un ouvrage historique.

Dans l'*Armorial de France*, année 1874, page 13, par de Magny, il y a une petite notice avec blason, que Reitstap et d'autres donnent.

L'Adels Lexicon, du Dr Kneschke, de 1863, volume IV, page 233, inscrit la famille comme noble, de même que Megerle de Muhlfeld, de Hellbach, et d'autres.

ANNUAIRE HÉRALDIQUE

N° 15. — *Grand in-8° relié toile dorée; plus de 1.300 pages avec 112 pages d'un vocabulaire du blason de 600 écussons. Cinq planches de 100 blasons en couleur, et 4.000 blasons en noir dans le texte, portraits, etc., etc.*, 1901. *Autres années de* 1899-1900.

Publication par MM. Bender et Wignolles, page 861, notice Longjumeau avec mariage de Souveraine de Valois en 1512, et lettres de légitimation de 1521.

Page 973, article de Norreys avec texte abrégé comme le précédent, et blason; mais ce dernier a de nombreuses fautes.
Les véritables armoiries se retrouvent trop facilement pour avoir besoin de corriger ici les fautes du recueil.

ANNUAIRE DES RÉGIMENTS AUXILIAIRES

N° 16. — La garde mobile. — *In-8° de 36 pages; Paris*, 1897.

Cet ouvrage, sur les corps de la guerre de 1870-1871, par M. A. Martinien, est malheureusement trop écourté, et il serait très important de le développer.
On y voit que le régiment des Alpes-Maritimes fut primitivement formé de deux bataillons, par décret du 16 novembre 1870, qu'il fut sous le n° 106, licencié comme régiment, le 23 mars 1871 (un troisième bataillon avait été formé), qu'il y eut deux batteries d'artillerie, que ces troupes assistèrent à la défense de Langres, aux forts de la Bonnelle, des Fourches, de Buzon, de Brévoines, aux combats d'Autun du 1ᵉʳ décembre, et de Dijon des 21, 22, 23 janvier; l'historique de ces journées se trouve ailleurs, avec la part prise par le commandant de L. de N. aux différents engagements et combats des trois campagnes de 1870, 1871, Versailles.

AMELOT DE LA HOUSSAYE

Né 1634, † 1706.

N° 17. — Mémoires historiques. — *Édition en deux volumes de* 1712; *autre à Amsterdam en trois volumes de* 1742; *reliés plein veau du temps.*

Ces anecdotes intimes sur la noblesse, l'origine de certaines familles, et le caractère particulier des représentants, est instructif pour les mœurs du temps. Pas plus mauvaises langues que Saint-Simon, Créquy, Talment des Réaux et d'autres, on y trouve les Luynes en bonne compagnie.

ANECDOTES HISTORIQUES

N° 18. — *In-8° de* 198 *pages; Paris,* 1866.

Historiettes populaires de la France.

N° 19. — *Autre édition de* 316 *pages*; *Paris,* 1850.

Réunion, sans nom d'auteur, d'histoires diverses extraites des Annales de la France. Les réparties d'esprit de l'abbé Jacques de Bourgmoyerr, mort en 1521, proviennent des comtes de Douville et du petit Jean de Sintré.

ANNUAIRES DU CLUB ALPIN FRANÇAIS

N° 20. — *Grands in-8°^{s} de 500 à 1.000 pages; cartes, vues, dessins et plans.* Tirage à part de la liste des membres jusqu'en 1882.

Deuxième bulletin de l'année 1881, 72 pages avec eaux-fortes, et dessins à la plume; des pages 38 à 55; le compte rendu d'une excursion du 20 novembre 1881 où M. Jean Regis, le spirituel secrétaire de la Mairie, profite de la circonstance pour faire un portrait du vice-président et fondateur de la section des Alpes-Maritimes.

ATLAS GÉNÉALOGIQUE HISTORIQUE

N° 21. — *Grand in-folio-plano de 33 tableaux en couleur de filiation souveraine, édité par Didot, en 1814, sur papier fort.*

Ce travail, le plus important de son genre, par A. Le Sage (comte de Las Cases), donne la filiation des maisons régnantes, depuis leur origine, avec le développement géographique de leurs États et cartes; les planches généalogiques sont, avec notes historiques, d'un enseignement clair.

ANNUAIRE TERRITORIAL ANGLAIS

N° 22. — MODERN DOMESDAY. — *In-8° de 500 pages, reliés toile rouge; Londres, 1879, par ordre alphabétique, appendices and analysis.*

Cet important ouvrage sur la fortune des grands seigneurs d'Angleterre, est dû à M. Jean Bateman. Il donne le revenu de tout domaine de plus de trois mille acres. Quand le propriétaire en a hérité, son âge, sa situation sociale, la nature de ces terres, bois, labours, etc., avec la classification de tout gentilhomme ayant plus de 75.000 francs de rente en biens fonciers, jusqu'aux plus grandes agglomérations dépassant des millions, suivi d'une addition de 1.320 propriétaires n'ayant que 2.000 acres, leurs cercles à Londres, les collèges où ils ont été élevés, date du mariage ou célibataire.

ALMANACH ROYAL D'ANGLETERRE

N° 23. — *In-8° relié plein veau rouge*; 1840.

Ouvrage officiel donnant l'état des pairs, gentilshommes et fonctionnaires de l'époque, avec plus de 1.000 blasons gravés, couronnes, cimiers, supports; en deux séries de 72 et 42 planches de 10 et 20 armoiries chaque, total 114 planches gravées selon les règles héraldiques.

ANNUAIRE IMPÉRIAL D'ANGLETERRE

N° 24. — *In-8° de 1.662 pages, belle reliure plein veau rouge, dos orné filets d or; Londres,* 1882.

État officiel de la Grande-Bretagne à l'époque. Les fonctionnaires avec leurs titres et rang, leur parenté dans la noblesse, à la Cour, etc., édition gouvernementale divisée en cinq parties, de 90 pages pour la première, 444, 110, 100 et 914 pages. Origines et courtes biographies.

ALMANACH ROYAL ET NATIONAL DE FRANCE

N° 25. — *Année 1847; calendrier, Paris; autres années* 1888, *etc., etc.*

ATLAS HISTORIQUE, HÉRALDIQUE ET GÉOGRAPHIQUE DE L'ANGLETERRE

N° **26**. — *Grand in-folio de 395 pages; belle reliure parchemin blanc, filets et ornés, doré de l'époque; Amsterdam, 1645.*

Des centaines de blasons bien gravés, le détail des écussons héraldiques très soigné, frontispice, nombreuses et magnifiques planches géographiques; le tout avec ornementation d'une belle exécution, texte latin.

ANGLETERRE (La famille Impériale d')

N° **27**. — *Grand tableau cartonné toile de 60 centimètres sur 80.*

La postérité de la Reyne Victoria, son innombrable descendance collatérale, dressée en forme d'arbre, avec les blasons de chaque alliance, par le comte Hallez d'Aros avec dédicace de l'auteur au prince de L... de N..., septembre 1897.

ART DE VÉRIFIER LES DATES

N° **28**. — *In-folio de 864 pages avec tables.*

Généalogie des souverains. Il est donné le mariage du 10 février 1512 de Michel, seigneur de Longjumeau, avec la princesse Souveraine de Valois-Orléans-Angoulême.

ANGLETERRE (Tableaux synoptiques de l')

N° 29. — 92 *pages, reliées en album.*

Histoire des Roys d'Angleterre.

ADELSPROBE UND DER VERLUST DER ADELSRECHT

N° 30. — *Un volume in-8° de 253 pages, relié dos veau chagriné rouge, orné filets d'or aux armes du comte Léon V. M...; Vienne, 1862.*

Cet ouvrage du Dr C.-E. Langer, en allemand, typographie latine, donne avec la liste des nobles reçus aux charges de la Cour d'Autriche, toutes les formalités de réception avec les tableaux de preuves de noblesse à fournir de seize quartiers, les statuts des différents ordres de noblesse, etc.

ANNUAIRE GÉNÉALOGIQUE DES SOUVERAINS

N° 31. — 326 *pages reliées toile rouge,* 1884.

Meilleur plan que le Gotha, filiations suivies jusqu'au commencement du xix° siècle.
Liste des mariages morganatiques modernes, avec les titres accordés à ces épouses et leurs enfants.

ANNUAIRES DU CONSEIL HÉRALDIQUE DE FRANCE

N° **32**. — *In-8° de 288 et 300 pages.*

ALMANACH DE LA NOBLESSE

N° **33**. — *In-8° de 440 pages reliés,* 1848.

Une centaine de biographies, et deuxième partie, classification des titres par hiérarchie de ducs, à chevaliers, nobles et particules, avec adresses pour Paris. Cet ouvrage a été poursuivi en contrefaçon par Borel d'Hauterive.

ARMORIAL FRANÇAIS

N° **34**. — *Revue mensuelle in-8°.*

Nombreux blasons, notices biographiques.

ANNUAIRE HISTORIQUE DES SOUVERAINS

N° **35**. — *In-8°; Paris,* 1844.

Collection de biographies de toutes sortes.

ALLEMAGNE

N° 36. — DEUTSCHES ADELS-LEXICON. — *Neuf volumes in-8° de plus de 600 pages chaque, reliés toile verte dorée aux armes du comte Vandalin Mniszech; Leipzig, 1859-1870, en allemand.*

Le Dr Pr E. H. Kneschke a réuni alphabétiquement les notes historiques, généalogiques avec références bibliographiques de la noblesse reçue en Allemagne ainsi que la chronologie de leurs différents titres avec la description des blasons, Familles françaises anoblies et titrées de la Confédération germanique.

Volume IV, page 233; famille noble de Hassler.
Volume VIII, page 75; famille noble de Schæffer.

ANNUAIRES DU CERCLE NATIONAL DES ARMÉES DE TERRE ET DE MER

N° 37. — *In-8°, depuis sa création.*

Tableau de membre perpétuel au titre de fondateur. Le P^{ce} L. de N., chef de bataillon.

ANNUAIRE DES PEINTRES ET SCULPTEURS

N° 38. — *381 pages, biographies et portraits*; 1897.

En collaboration de Jules Martin et Joseph Van Driesten

ANNUAIRE DU SÉNAT

N° **39**. — *Grand in-8° de 834 pages relié, portraits et biographies, de 1894 à 1897.*

Avec cartes et lettres adjointes des représentants des Alpes-Maritimes au prince L. N.

ANNUAIRES DE LA COOPÉRATIVE DES ARMÉES

N° **40**. — *Collection depuis sa fondation, portraits des généraux, cartes géographiques, emplacement des troupes.*

ANNUAIRE DE LA CHAMBRE DES DÉPUTÉS

N° **41**. — *583 pages, biographies et portraits.*

Nombreuses tables de classification par départements, fauteuils, etc., de 1893-1898.

ANNUAIRES DU CERCLE ARTISTIQUE ET LITTÉRAIRE

N° **42**. — *180 à 200 pages, 7, rue Volney, Paris; réception L. N.; 1896, catalogue de la bibliothèque, 203 pages, in-8° avec table pour les 12.000 volumes de l'année 1900, et des œuvres d'art avec reproductions.*

ANNUAIRES DE LA SOCIÉTÉ PROTECTRICE DES ANIMAUX

N° **43**, — *Année 1884, section des Alpes-Maritimes, le comte L. N., réélu la cinquième fois membre du Comité, et vice-président. Cartes et lettres adjointes de félicitations du Préfet et du Maire.*

ADAM

N° **44**. — LE POSTILLON DE LONGJUMEAU. — *Diverses éditions, livrets et musiques.*

A côté de cet agréable opéra-comique, tout n'est pas fable.

Les seigneurs dont les terres étaient traversées par un cours d'eau navigable avaient un droit sur les bateaux, sous l'ancien régime. Ce n'est pas l'Yvette qui avait droit de bac à cette époque. Mais le fief de Longjumeau, importante baronnie composée de plusieurs seigneuries, était coupé par une des routes les plus fréquentées du xvi° siècle. Celles-ci conduisaient de Paris à Orléans, Blois, dans le pays où nos Roys ont si longtemps séjourné, centre des plus beaux châteaux historiques de la France féodale.

Ceux qui traversaient les domaines étaient assujettis à un droit de péage relevant des multiples immunités seigneuriales.

La charge de maître des postes était d'un gros revenu ; les titulaires en devaient compte au seigneur de qui ils tenaient l'emploi avec approbation royale, et redevance régulière avec l'obligation de fournir un nombre déterminé de postillons, dont un édit réglementait la tenue et les devoirs ; on était dans l'obligation de se servir de postiers du relai, le premier à quatre lieues de Paris.

Le surintendant des menus plaisirs du Roy avait sa maison de campagne dans les confins du bourg de Longjumeau. Les seigneurs du lieu n'avaient rien à voir avec lui, ni avec le maître des postes qui était un de leurs tenanciers.

AMÉDÉE RENÉE

N° **45**. — Les Nièces de Mazarin. — *Un volume in-8° de 517 pages;* Paris, 1858.

Les huit lettres à Mme de Gaillard-Venel, dont les originaux sont à la Bibliothèque du Louvre, sont retranscrites; on y trouva le témoignage de la haute estime du cardinal pour Mme de Venel, la grande part qu'elle eut au mariage de Louis XIV.

L'Espagne est redevable à son influence des faits qui ont amené de grands résultats.

On retrouve dans Roze les lettres personnelles du Roy à Madeleine de Gaillard; il lui promit la charge de gouvernante du premier enfant qui lui naîtrait; elle en eut le brevet; les fonctions ne durèrent pas, la princesse étant morte jeune, mais elle eut ensuite celui de sous-gouvernante des enfants de France, les ducs de Berry, d'Anjou et de Bourgogne; cette charge rapportait 3.600 livres, plus 1.500 pour logement et nourriture, et 800 livres pour chaque enfant. Elle eut par lettres du mois de septembre 1648, le don des glaciers de Provence qui appartenaient au domaine, ce qui lui donnait le privilège exclusif de faire débiter toute la glace consommée dans la province, et qui lui valait 20.000 livres par an.

Elle était née le 24 janvier 1620, et mourut au château de Versailles, le 24 novembre 1687; son testament est des plus intéressants, on le retrouve plus loin; elle avait été dame d'honneur de la Reyne-mère, et avait épousé, à l'âge de seize ans, Gaspard de Garron de Venel, maître des requêtes et conseiller d'Etat.

Son frère était le prince-évêque d'Apt et, par conséquent, issu des nombreuses filles de Pierre de Gaillard, seigneur de Ventabren, trésorier général des Etats de Provence, et de son épouse Marquise, fille de César de Villages de la Salle, et de Madeleine de Covet de Marignane.

Elle eut cinq sœurs et six frères (voir les *Dictionnaires historiques*).

AIX (Annales du collège royal de Bourbon d')

N° 46. — Historique de la fondation par l'Abbé E. Méchin. — *Deux grands volumes in-8° de 761 et 534 pages; Marseille, 1890, édités avec luxe.*

L'ouvrage donne des notes sur presque tous les élèves qui se sont distingués depuis que ce collège existe, jusqu'à la Révolution. Volume I, page 103, année 1634 : Pierre de Gaillard Ventabren, fils de César et de Marquise de Villages, dont il avait eu six fils et six filles.

Volume II, page 58, année 1677 : Sauveur de Gaillard, plus tard, receveur général des décimes, et **Conseiller d'État**, il épousa, 1648, Blanche de Boyer d'Eguilles, dont entre autres Gaspard, **président de la Cour des Comptes**, et trois frères, **Grand Prieur, Commandeur**, et **première Grand'Croix de Malte**.

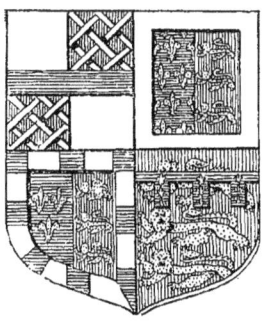

Aut fer aut feri
Ne feriare feri.

BELLEVAL (Le Marquis de)

N° 47. — LES BATARDS DE LA MAISON DE FRANCE. — *Un volume in-8° de* 307 *pages; Paris,* 1900.

Page 148, notice de 15 lignes sur Souveraine de Valois-Orléans-Angoulême. **Légitimée.**

Il est dit qu'elle épousa en 1512, Michel de Gaillart de Longjumeau, chevalier, panetier du Roy. Les lettres de légitimation données à Dijon, en mai 1521, sur la demande de **Louise de Savoye,** qui la dota de 3.000 écus d'or; elle mourut le 23 février 1552, et fut inhumée en l'église de Saint-Etienne de Chilly, aux côtés de son mari, décédé le 4 juillet 1535.

M. de Belleval dit qu'une autre fille de Charles de Valois, duc d'Orléans, comte d'Angoulême, née d'une demoiselle de Polignac, fut légitimée par Louis XII ; en tout cas, **Souveraine** fut la seule **reconnue** par son père, et par le **prince de Valois,** pour sa sœur naturelle, selon les lettres du 7 février 1512, qu'il légitima plus tard, comme Roy, à la demande de la **Reyne-Mère,** par laquelle elle avait été **adoptée.** Ce fut elle qui fit dresser et signa la ratification de son mariage, et **Anne de Bretagne** avec le **Roy Louis XII** signèrent au contrat. (Voir Bernier et les actes aux archives de famille.)

Elle fut la **seule légitimée** du règne de François Ier.

On peut consulter à cet égard MM. Clabault et de la Haye dans leur bel ouvrage **Tableau généalogique de la maison de France,** dédié en 1763 au comte d'Artois.

Dom Morin dans son histoire du Gâtinais.

Le recueil des actes de François Ier, Chazot de Nantigny, de Courcelles, de Saint-Allais, Dictionnaire Historique, Le père Anselme, etc.

Aux archives de famille, propriété du prince Ferdinand, se trouvent, avec la ratification du mariage du 10 février 1512, les lettres de légitimation dûment légalisées avant la Révolution, réenregistrées depuis, collationnées par notaire sur papier timbré, vues au ministère de l'Intérieur et des Affaires étrangères, etc., etc.

Elles sont formelles quant à la transmission héréditaire du **titre de prince**. Tous et chacun les autres honneurs légitimes, etc., est-il dit.

Le texte de cette pièce historique est à sa place, ainsi qu'une lettre du Roy du 1er mai 1517, relative à un reliquat de 1.500 livres tournois, encore à verser à son amé et féal Michel Gaillart, chevalier, seigneur de Longjumeau, sur la dot de sa **bien-aimée sœur.**

L'auteur néglige la descendance de cette union, elle n'est pas dans son cadre, elle se trouve légalement établie et transcrite à sa place, dans les ouvrages que ce catalogue a à inventorier et qui font partir de l'histoire de France.

Il ne parle que sommairement de la mère de Souveraine. On doit compléter ici les documents.

La **princesse Souveraine** avait pour mère une jeune fille de la vieille noblesse normande, dont les représentants existent encore, Jeanne **Le Conte de Nonant**, était la fille de Guillaume Le Conte. seigneur de Nonant (**marquis de Rarey** depuis 1654), et de Jeanne de Brouillart, son épouse, d'une noblesse représentée en Bretagne et en Beauce.

Jeanne de Brouillart était fille de Guillaume, seigneur de Badouville et de Marguerite d'**Orgemont**, fille de Pierre, seigneur de **Chantilly**, et de Jacqueline de **Paynel** ; Marguerite d'Orgemont, après la mort de Guillaume de Brouillart, épousa en 1453, Jean de **Montmorency**, dont un fils unique, Guillaume, qui fut père du connétable Anne de Montmorency. Cette généalogie est ailleurs, avec celle des Montmorency, sortie du mariage de **Bernarde de Longjumeau** avec autre Jean de Montmorency, dont treize enfants.

Les Le Conte de Nonant portent : azur ou chevron d'argent, accompagné en pointe de trois besants d'or.

Les de Brouillart, d'argent ou chevron d'azur. Cette famille est d'origine chevaleresque.

Bien apparentée, jeune et belle, libre de tout lien de mariage, si la faiblesse de Jeanne pour le **prince Charles de Valois** fut une faute, il n'en résulte aucune tache inhérente aux intrigues de Cour, dont sortirent depuis, d'autres, enfants de sang royal, nés hors mariage.

enfants adultérins, venus de la basse complaisance de quelques maris avides, et qui n'étaient souvent même pas procrés par l'amant royal.

Ici rien de semblable, car autrement comme épouse et comme Reine-Mère, cette sainte et sage Louise de Savoye, morte en 1531, à l'âge de cinquante-cinq ans, aurait-elle donné de si nombreuses marques d'affection familiale et d'estime publique, conservés dans l'histoire de France même, et la Reyne Anne de Bretagne aurait-elle signé au contrat. L'épouse légitime du prince Charles de Valois, reconnut de suite cet enfant de son mari, qu'elle avait épousé en 1488, et remplaça immédiatement sa mère, morte jeune, ayant vécu loin de toute compromission. Le Roy reconnaît à sa sœur Souveraine, par l'acte de légitimation, le droit de partage, au testament de sa mère.

Toutes les pièces sont autant en sa faveur qu'en son honneur. La fille de Jeanne trouva une seconde mère dans la mère du Roy, dont on voit les soins empressés, remplaçant non seulement cette mère, mais encore son propre mari, le prince Charles, mort en 1496, trop tôt pour continuer à s'occuper de sa fille, qu'il avait reconnue et confiée aux soins de son épouse. On sait combien elle s'acquitta de cette tâche avec affection et générosité.

Engelard dit que **Marguerite de Valois**, née en 1492, morte en 1549, s'intéressa aussi elle-même à cette légitimation de sa **sœur affectionnée**. Souveraine, aussi **douce que d'un génie distingué** dit-elle et le Roy dans ses lettres dit : notre bien aimé sœur Souveraine reluit partout de si grands dons de vertu, beauté et bonne grâce, suppléant et compensant par ses mérites et vertus, son origine, etc., etc. Tout peut distinguer l'honorabilité de cette naissance.

Cette légitimation est l'objet de nombreux articles dans les ouvrages suivants, il y a donc de nombreuses redites, inhérentes à un catalogue de bibliothèque qui n'a qu'à donner l'extrait des livres, mais dont on s'est réservé d'examiner la valeur et de développer les faits d'après des originaux ignorés souvent des auteurs.

BAECKER (Louis de)

N° 48. — La noblesse flamande en France. — *In-8° de 72 pages; Paris,* 1859.

BERNIER (J.), conseiller et médecin de la Duchesse d'Orléans.

† 1698

N° 49. — HISTOIRE DE BLOIS. — *Un volume in-4° de 636 pages, relié veau plein, du temps; Paris*, 1682.

Cet ouvrage très instructif sur trois générations, commence tard et finit tôt pour la famille.

Page 30 : On voit Mathurin Galliart confirmé dans sa charge de conseiller-maître de la Cour des Comptes, le 11 mars 1498, il avait été conseiller auditeur en 1490. On peut voir les privilèges de cette charge noble dans d'autres ouvrages. Il fut témoin pour **Jeanne de France**, dans son procès avec le Roy.

Pages 49-51 ; notes sur Jacques, abbé de Bourgmoyen, son petit-fils, si réputé pour son esprit, il fut curé du Saint-Solènne et prieur de Saint-Calais. Le pape Alexandre VI lui écrivit en 1497 des lettres épiscopales de dispenses à ce sujet.

Les documents relatifs à l'histoire de France, publiés par ordre de l'Empereur en 1868, par le marquis de Laborde, donnent le sceau de cet abbé, du 5 août 1458.

Page 52 : L'église de Saint-Honoré, dont Michelle, dame de Bury et d'Alluye, était une des principales bienfaitrices, où elle repose dans le tombeau de son mari, **Florimond Robertet**, seul secrétaire d'État.

Pages 481 et 493 : Leur mariage et celui de Marie, leur nièce, en 1519, avec Etienne de Marvillier, dont le fils unique, Jean, fut **évêque d'Orléans et garde des sceaux de France**; il eut des sœurs dont une illustre lignée.

Les archives de famille conservent des portraits du temps de ce célèbre prélat, sur lequel on revient dans d'autres ouvrages, au numéro 54.

Des pages 443 à 446 : Une biographie des deux Michel, père et fils, faits chevaliers de l'Ordre d'Orléans, par le Roy Louis XII.

Michel Ier fit construire, sur la place de l'Hôtel-Dieu, un hôtel où l'on retrouve encore ses armes, de même que dans l'hôtel d'Alluye ayant appartenu à sa fille. M. de La Saussaye en parle aussi. Bernier, dit Michel II, fut grand pannetier de France, gentilhomme de la Chambre du Roy; il épousa, au **château d'Amboise**, le 10 février 1512, en présence de la Cour, **Souveraine d'Angoulême**, le Roy et la Reyne Anne ayant signé au contrat, le prince de Valois l'ayant déjà reconnue comme sa sœur naturelle, la légitima ensuite comme souverain en 1521, à la demande et du consentement de la Reyne Mère, qui ratifia son mariage par acte passé devant honorables personnes : Messire Hélie du Tillet, Jean Bourneau et Bourgeois, et scellé du sceau royal à Amboise en la Chambre des comptes, devant le juge de la prévôté royale, par haute et puissante princesse, Mme **Louise de Savoye, comtesse d'Angoulême**, et comme soy faisant fort de très haut et puissant prince-duc de Valois, etc., etc., cette pièce légalisée aux archives de famille.

Cette question de mariage et de légitimation est dans l'histoire de France, mais les auteurs n'ont pas toujours eu à leur disposition les pièces que l'on peut citer ici, les ayant sous les yeux.

Les actes royaux des souverains sur le trône donnent une grande importance aux droits de sa postérité.

Ce n'est pas la bâtarde du prince Charles de Valois qui l'avait déjà reconnue; ce n'est pas la fille adoptive de son épouse; ce n'est plus la sœur reconnue de l'héritier du trône, par lettres du 7 février 1512, mariée devant la Cour, dans un château royal, ayant des souverains pour témoins, c'est une légitimée de France, princesse reconnue du sang royal, par acte souverain de 1521, son union sanctionnée avec ses droits héréditairement établis. Souveraine est élevée au rang des autres enfants royaux. En droit, les actes sont là. Leur libellé est affirmatif pour les immunités positives qui en ressortent pour ses enfants « nés et à naître en légitime mariage, succèdent héréditairement à tous ses biens et titres, etc., » dit l'acte de légitimation. Le prince Ferdinand, ayant cette princesse du sang de France pour dixième aïeule, en possession des actes dûment légalisés et enregistrés, établissent une source d'où provient un de ses droits au titre de prince issu du sang royal des souverains de France de la race des Valois, le plus ancien de nos jours régulièrement établi.

On retrouve, ailleurs, d'autres origines de sang royal en filiation féminine.

BERNIER (A.), avocat de la Cour royale.

N° 50. — Conseil de régence du Roy Charles VIII. — *In-4 de 242 pages, cartonné, documents officiels sur l'histoire de France publiés par l'Etat à l'Imprimerie royale; Paris,* 1836.

Le relevé des séances, depuis 1484, tenues à Paris, aux Tournelles, puis à Montargis, à Gien, etc., etc., montre le Roy suivi de son conseiller, messire Michel de Gaillart, chevalier, où il siège à ses côtés avec Monseigneur d'Orléans, MM. de Montmorency, le cardinal de Bourbon, etc., etc. Il paraît dans plus de vingt séances, avec les qualificatifs : noble, général des Finances, chevalier; on trouve toujours le nom avec le **t** final, comme dans tous les originaux de cette époque entre les mains de la famille. Ce n'est que plus tard que le **d** est venu; Nicolas de Gaillart de Longjumeau le constate dans ses lettres écrites à l'abbé Chazot.

BELLEGENT (Paul de), avocat au parlement.

N° 51. — Histoire de la Reyne Elisabeth. — *Deux volumes in-4, reliés en veau de l'époque de* 701 *et* 416 *pages, traduit de Guillaume Camden, dédicace au duc d'Orléans frontispice et portrait de la Reyne, Paris,* 1627.

Les membres de la famille sont cités aux pages 43, 86, 109, 146, 147, 148, 333, 373, 476 à 494, de 150 à 158.

On fait l'éloge du général baron de Norreys, sa vaillante conduite en Bretagne, sous Henri IV, où son frère Maximilien fut tué, 27 novembre 1591; ses frères, Edouard, Thomas et Henry blessés. Ces deux derniers capitaines meurent, du reste, des suites de leurs blessures.

On peut ajouter que l'épitaphe en latin, sur la pierre tombale de

Maximilien de Norreys, se trouve dans l'église de Saint-Hélier, à Jersey.

Elle est traduite ainsi dans l'église même : sur un tableau placé à côté de l'inscription originale.

AU TRÈS ILLUSTRE JEUNE HOMME, MAXIMILIEN DE NORREYS,
FILS DU SEIGNEUR HENRY DE NORREYS, BARON DE RICOT,
MORT EN GUERROYANT POUR HENRI IV DE BOURBON,
ROY DE FRANCE ET DE NAVARRE.

CHANT FUNÈBRE SUR LE DÉCÈS DU SUSDIT
QUI TRÉPASSA,
LE 27ᵉ JOUR DE NOVEMBRE, EN L'AN DE NOTRE SEIGNEUR 1591,
A L'AGE DE 24 ANS.

« *Sous ce tombeau repose un jeune homme illustre et pieux,*
« *Qui fut prompt de main et de conseil.*
« *Du milieu des flammes de la guerre, Dieu l'appela disant :*
« *Je veux que tu ne hantes plus les camps, mais que tu montes aux astres.* »

MOURIR POUR VIVRE

(Ces trois mots en français.)

La reproduction de cette pièce historique, sur un tableau de 40 centimètres sur 60, est aux archives de famille. Le monument original est dû aux soins de sa sœur Catherine, qui épousa, en 1583, le gouverneur des Iles, et dont on voit encore les armes bien gravées au-dessus de la porte d'honneur du château de Montorgueil, en ruine, mais le blason de Norreys très net.

Il est à remarquer que le nom gravé en vieux gothique sur la pierre est écrit **Norreys**, de même que celui de son frère Jean; son épitaphe se termine :

« Vaillant et fameux soldat, si expert en connaissances militaires qu'il avait acquises avec Colligny, sous Henri IV, qui quitta cette vie le 3 juillet 1597, en sa 68ᵉ année. »

Le portrait de ce général a été peint par Zucchero et gravé par J.; Fane Dugdale en fait son éloge.

Mais, pour en revenir à M. de Bellegent, il est à regretter qu'il n'ait pas traduit d'autres ouvrages en latin de l'auteur, qui parle bien longuement du général Jean et de sa famille.

Dans les documents officiels sur l'histoire de France, publiés par le Gouvernement, à l'Imprimerie royale, en 1844, par M. Gaudet, on trouve les lettres du Roy Henry IV au général, du 9 octobre 1591, ainsi que dans les mêmes documents officiels publiés en 1849 (tome IV, les lettres du Roy des 2 juillet 1593, 10 novembre 1594 et 1595). Ici, le nom est différemment orthographié, mais toujours avec la particule et la préfixe chevaleresque de Sire.

BARTHÉLEMY (Édouard de)

N° 52. — La noblesse en France avant et depuis 1789. — *In-8° de* 325 *pages*; *Paris*, 1860.

N° 53. — Les ducs et duchés Français. — *In-8° de* 358 *pages*; *Paris*, 1867.

BAGUENAUD DE PUCHESSE

N° 54. — Jean de Morvillier. — *In-8° de 444 pages, relié toile rouge*; *Paris*, 1870.

La mère de ce prélat était Marie de Gaillart de Longjumeau.

Dans cet ouvrage, il est question de la famille; comme l'auteur y touche, on peut relever quelques erreurs et omissions. Il reconnaît du reste, que la table généalogique a des lacunes; on peut réparer cela.

Ce prélat, né en 1506, mort en 1577, fut lieutenant général à Bourges en 1536, maître des requêtes en 1547, évêque d'Orléans, garde des Sceaux de France (1568), ambassadeur du Roy à Venise, conseiller du Grand Conseil; il fut aussi abbé de Bourgmoyen, dont son cousin germain, Jacques de Gaillart, qui laissa une si grande réputation d'esprit, mourut titulaire, en 1521.

Cette abbaye était d'un revenu de 6.000 livres; les trois paroisses de la ville de Blois en dépendaient; l'abbé Jacques, par dispenses du Pape Alexandre IV, de 1497, étant en même temps, **curé de Saint-Solènne**, et **prieur de Saint-Calais**, avec les bénéfices presbytériaux.

La mère de Jean, évêque d'Orléans, était petite-fille de Mathurin de Gaillart, chevalier, seigneur de Villemourans et de Villermont, auditeur des Comptes de la Reyne Anne de Bretagne, député trois fois par les États de Blois vers le Roy, et de Jean de Callipelle; et fille de Jean de Gaillart, chevalier, seigneur du Bois aux Chantres et de Villemancy; son épouse étant Jacqueline de **Beauvillier de Saint-Aignan**, par contrat du 9 octobre 1476. Ce Jean était homme d'armes dans la compagnie d'Ordonnances nobles du comte de Penthièvres : c'était une des plus belles troupes du temps. Chaque homme avait un page, un gros valet, deux archers et un coutelier, tous à cheval; ces compagnies furent organisées par le Roy Charles VII.

Marie épousa Étienne de Morvillier, seigneur de la Sourdière, de Saint-Lubin, etc., procureur du Roy en son Comté de Blois, dont la mère était Catherine, dame de Nezemont, en Blaisois. De son mariage sortit donc ce garde des Sceaux, qui servit sous quatre Roys.

La sœur de ce prince de l'Église, Marie de Morvillier, épousa Guillaume Bochetel, secrétaire d'État, dont Bernardin, *évêque de Reims*. Son autre sœur, Jeanne, épousa Jean de la Saussaye, dont le fils, Mathurin, fut aussi **évêque d'Orléans**.

Marie, nièce de Michel de Gaillart de Longjumeau, capitaine général et grand patron des galères, fut donc mère d'un évêque et grand'mère de deux. Ce n'est pas l'unique demoiselle de la Maison, dont les fils et petits-fils ont eu les hautes dignités de l'Église catholique.

Michelle, fille du grand officier de la Couronne, amiral de Provence et du Levant, épouse Florimond Robertet, seul secrétaire d'État; son fils, Jacques, mourut en 1515, **évêque d'Albi**; il est inhumé à Notre-Dame de Paris.

Ferdinand de Neufville, **évêque de Chartres**, et son frère, Camille, **archevêque de Lyon**, descendent aussi de ce mariage de Michelle de Longjumeau.

Gabriel de Laubespin, mort en 1630, **évêque d'Orléans**, avait pour grand'mère Anne Robertet, fille aînée de cette même dame d'Alluye.

Le **cardinal de Sourdis**, mort archevêque de Bordeaux, en 1628, avait pour grand-mère la troisième fille de cette Michelle.

César d'Estrées, cardinal-évêque, duc de Laon, mort à 87 ans, avait encore cette demoiselle de la famille pour aïeule.

Gaillard Ruzé, **archidiacre de Langres, chanoine de Paris**, conseiller à la Cour, mort en 1540, était issu du mariage de Pernelle de Gaillart de Longjumeau et de Louis de Ruzé, et Guillaume Ruzé, **évêque d'Angers**, mort en 1587, l'avait pour trisaïeule.

Jacques Spifame, conseiller d'État, **évêque de Nevers**, que Théodore de Bèze, par ses traîtreuses machinations, fit si malheureusement décapiter, avait pour grand-mère cette Pernelle.

Et Anne de Longjumeau, fille de Michel II et de Souveraine de Valois, épousant Thomas de Balzac, fut mère de **Charles, évêque, comte de Noyon, pair de France**, mort en 1627. Armand de Monchy, **évêque et comte de Verdun**, mort en 1679, avait cette demoiselle pour aïeule.

Mais cette liste est déjà assez longue, et on pourrait faire un autre volume, que celui que l'auteur consacre à Jean de Morvillier, en citant l'Histoire des Princes de l'Église romaine descendant de la Maison des Seigneurs de Longjumeau.

BALEICOURT

N° 55. — Traité historique et généalogique de Lorraine. — *Petit in-4° de 299 pages, et deuxième volume de preuves, d'autant de pages, reliés en veau du temps; Berlin, 1740.*

Ouvrage dédié à Frédéric III, avec ses armes, 15 tableaux généalogiques, copie de 66 chartes, reproduction des monnaies et médailles.

BREMOND (Alphonse)

N° 56. — Nobiliaire toulousain. — *Deux volumes in-8° de 431 et 580 pages; Toulouse, 1863.*

Répertoire alphabétique des actes authentiques recueillis dans les dépôts publics sur la noblesse de la région.

N° 57. — Indicateur du nobiliaire toulousain. — *Petit format de 143 pages*; *Toulouse*, 1868.

Pages 41 et 143, mention du nom de la famille avec son représentant actuel, le comte Ferdinand, mais blason très mal gravé.

N° 58. — Armorial général toulousain. — *Toulouse*, 1869.

Notices généalogiques et blasons de plus de cent familles rangés par ordre alphabétique.

N° 59. — État actuel de la noblesse toulousaine. — *179 pages*; *Toulouse*, 1870.

Page 84, mention de la famille comme chevaliers de Malte, avec blason mal gravé.

Le Grand Prieuré de Saint-Gilles était de la région, et le registre de la réception des chevaliers est en dépôt à Toulouse. Le relevé, sur papier timbré, légalisé et enregistré en forme de quatre certificats extraits de ce registre, est aux manuscrits des archives du prince Ferdinand.

Vincent Sauveur fut grand prieur de Saint-Gilles en 1659, la première dignité après celle de grand maître.

Dominique reçut la grand-croix, en 1744 ; Chrisostome fut commandeur en 1785 ; Louis-Henry, gouverneur des domaines de l'ordre, avait été reçu de minorité en 1726. Le registre auquel réfère M. Brémond, terminé en 1787, contient ces quatre noms. L'auteur n'en donne pas d'autres; pour la liste complète des chevaliers, voir plus loin.

Il existe, à la bibliothèque d'Avignon, près de 300 lettres de la correspondance d'un chevalier de Malte de la famille; il fut élevé à la haute dignité de Bailly, et fut un des représentants de la noblesse aux Assemblées des États-Généraux.

M. de Mas-Latrie dans le tome VI de 1857, des *Archives des missions scientifiques*, donne le relevé des épitaphes sur les pierres tombales de la Cathédrale de Saint-Jean, à Malte. On en trouve une de dix-sept lignes, du 5 janvier 1745, pour Vincent Sauveur, qui avait été page de la **Reyne Anne d'Autriche**, et deux autres de Dominique, commandeur de Valence, et Chrisostome, commandeur de Poet-Laval.

BACHELIN-DEFLORENNE

N° 60. — CHANGEMENT ET ADDITION DE NOMS. — *In-8° de 131 pages; Paris,* 1867.

Liste alphabétique de ceux qui ont modifié leur nom par l'addition d'une particule ou autrement, depuis 1803.

N° 61. — ÉTAT PRÉSENT DE LA NOBLESSE. — *Grand in-8° en deux colonnes de 1.805 pages avec supplément de 110 pages; Paris,* 1868.

Notices et blasons d'un grand nombre de familles qui ont souscrit à l'ouvrage, reliés ensemble; à la suite, la nomenclature des modifications de noms jusqu'en 1867.

N° 62. — *Cinquième édition du même ouvrage,* 1.851 *pages; Paris,* 1883-1887.

Même classification de renseignements.

BIGOT DE MOROGUES

N° 63. — LA NOBLESSE CONSTITUTIONNELLE. — *In-8°, de 83 pages; Paris,* 1825, *avec table.*

BOREL D'HAUTERIVE

N° **64**. — REVUE DE LA NOBLESSE. — *In-4°, années de 1840 à 1846; nombreuses planches, blasons en couleur, belle chromolithographie.*

La sixième livraison de l'année 1841, page 407, donne un article sur les assises des nobles de la Haute Cour de Jérusalem; on y trouve cité : **Jean de Norreys Comte de Tripoli.**

Il y est dit : la Cour des barons est présidée par le Roy, et, en son absence, par l'un des premiers quatre barons, dont le comte de Tripoli.

La Maison de Norreys donna une dynastie de sept comtes à cette principauté souveraine. Voir, à ce sujet, M. de Mas-Latrie ; Rey, le *Manuscrit français d'Attar*, etc., etc.

Une famille juive, du nom de Mark, originaire de Salon, anoblie par finances, prit le nom de Tripoli, sans titre, simplement parce que l'un de ses membres exerçait le négoce dans la ville de Tripoli, — coutume essentiellement hébraïque ; mais, depuis, elle a pris avec la fortune des titres, et d'autres noms. Inutile de dire qu'elle n'a rien à voir avec l'ancienne noblesse chevaleresque, de nom et d'armes, des comtes de Tripoli.

N° **65**. — ANNUAIRE DE LA NOBLESSE. — *In-8°, collection de la première année, 1843, de 386 pages et plus, nombreuses planches de 12 blasons chacune; continué jusqu'à la mort de l'auteur.*

BLANC DU COLLET (Procureur de la République)

N° **66**. — DU CONSENTEMENT AU MARIAGE. — *99 pages; Paris, 1896.*

Avec dédicace de l'auteur au prince-comte L. de N.

BOURBONS

N° 67. — Le Secret de Henry V. — In-8° de 10 pages; *Paris*, 1892.

M. Lépingleux-Deshays de la *Revue Contemporaine*, plaide ici la cause de Naundorf.

N° 68. — Le Secret des Bourbons. — In-8° de 146 pages; *Paris*, 1882.

M. Charles Nauroy donne des renseignements sur les véritables descendants de la famille, notamment le mariage du duc de Berry.

N° 69. — Bourbons et Orléans. — In-8° de 127 pages; *Paris*, 1898.

M. L.-J. Marié donne de bonnes généalogies. Les Bourbons à l'étranger, les titres morganatiques, ordre de succession, etc., etc.

N° 70. — Les descendants actuels de Louis XIV. — 8 *pages sans nom d'auteur*.

Courte nomenclature incomplète.

N° 71. — État actuel de la maison de France. — *Paris*, 1872.

Exposé sommaire sans généalogie.

N° 72. — Henry V et la Monarchie traditionnelle. — In-8° de 117 pages; *Toulouse*, 1871.

DE BARY (Alfred), Chevalier de Saint-Jean.

N° **73**. — Brice de Bary. — *In-8° de 24 pages*; *Guebwiller*, 1900.

N° **74**. — Généalogie de cette famille. — *In-8° de 158 pages*; *armoiries en couleur, fac-simile de parchemin*; *Colmar*, 1877.

Dédicace avec hommage d'estime de l'auteur.

N° **75**. — Les du Bary. — *In-8° de 37 pages*; *Guebwiller*, 1900.

Notes sur ceux de ce nom en France et en Irlande.

BURKE (Sir Bernard), Roy d'armes.

N° **76**. — Peerage and Baronetage. — *Grand in-8° en deux colonnes de 1.322 pages, reliés veau plein, 28° édition, année 1866; plusieurs tables blason de chaque famille.*

A cette édition, annotée en marge, est jointe une table manuscrite spéciale pour quantité de notes relatives aux alliances de la famille et de son existence par substitution en Angleterre. Sans entrer dans les détails des nombreux articles, il est cependant bon d'en retenir ici le certificat officiel de ce Roy d'armes pour la descendance royale de la famille. Page 827, il est dit :

« Les familles qui ont des alliances directes avec la Maison de Norreys peuvent prétendre à la plus illustre parenté, et par leur descendance appartenir au plus noble sang, les Norreys étant issus de deux princesses de la Maison royale d'Anjou.

« Les princesses **Éléonore** et **Jeanne**, filles des **Anciens Roys** dont cette Maison descend, etc., etc. »

Burke aurait pu citer bien d'autres origines souveraines. En généalogiste, il en a donné la filiation dans d'autres de ses ouvrages, mais ce brevet de sang royal suffit dans sa quintessence ici.

Page 78 : La maison de Norreys est héritière des titres de la Maison de **Beaumont**, elle est d'origine souveraine.

Le neveu de saint Louis, Louis 2me, fils de **Jean de Brienne**, roy de Jérusalem, Empereur de Constantinople, et de **Bérangère de Castille**, sœur de Blanche, mère de Louis IX, épousant **Agnès de Beaumont**, transmit ce nom à ses enfants. Il fit, en cela, comme bien d'autres fils de la Maison de France, qui transmirent le nom de leur femme à leur descendance, comme Louis de France, qui prit le nom de Bourbon de sa mère. Les Courtenay, Saint-Simon, ont la même origine directe.

Page 963 : Le mariage de Marie de Norreys avec le petit-fils **du Roy Charles II**.

On peut constater que si les Norreys descendent des anciens Roys de la race d'Anjou, la postérité de ses souverains remonte à la Maison de Norreys. Ce Roy d'armes donne, dans d'autres ouvrages, des parentés royales qu'il omet ici. La Maison, à l'époque de cette publication d'état présent de la noblesse, n'étant plus représentée en Angleterre que par substitution.

Il est à remarquer que toutes les demoiselles apportèrent des titres dans les familles dont beaucoup de représentants prirent le nom.

Collins, volume III, page 472, dit : « En raison de l'illustre descendance maternelle de sa mère Brigitte (née en 1627), Jacques Bertic fut créé comte d'Abingdon, en 1682. » Banks et Harrisson font la même remarque.

Cette dame eut les honneurs de l'abbaye de Westminster ; morte le 24 mars 1656, elle fut inhumée dans la chapelle de Saint-André.

La mère de Brigitte, Elisabeth de Norreys, décédée le 28 novembre 1645, eut aussi son monument dans la chapelle de Saint-Nicolas de la même église.

La veuve de François, baron de Norreys, comte et pair, les y suivit le 24 août 1672. On sait que l'inhumation dans ce panthéon n'est réservée qu'aux plus grands personnages.

Henry III de Norreys y a un des plus beaux mausolées de l'église par son élévation, ses huit statues de grandeur naturelle et le travail artistique des sculptures et ornementations d'un style des plus purs ; il est dans la chapelle de Saint-Jean. Le Roy d'armes, sir W. Dugdal dit (vol. II, p. 403), que la famille de ce gentilhomme était depuis longtemps de grande noblesse quand elle arriva à la pairie, en 1572. Sir W. Segar, autre Roi d'armes, dans son magnifique ouvrage en six volumes in-folio, bien supérieur et antérieur à Burke, donne la descendance royale de la famille avec d'autres alliances dans de belles planches de blasons dont la gravure est très fine.

Il est bon de rappeler la haute illustration des demoiselles de la Maison :

Alice de Norreys reçut le manteau et les insignes de l'**ordre souverain de la Jarretière ;** rare exception, elle était assimilée aux princesses du sang, les filles de reynes, seules, ayant cette haute dignité.

L'épouse de Guillaume III de Norreys eut également cet éclatant honneur.

Quant aux mâles, il y en eut quatre qui furent officiers de l'Ordre de la Jarretière :

Henry, Jean et Guillaume de Norreys, de 1527 à 1591 ; un autre, Jean, est sur les rôles, en 1448.

BOUTELLE (Charles)

N° 77. — HERALDRY HISTORICAL AND POPULAR. — *In-8° de 487 pages, relié toile rouge avec blasons d'or filets et titres ; Londres,* 1863.

Important ouvrage faisant foi ; tous documents historiques du meilleur enseignement, sur le blason et les familles ; nombreuses tables avec planches d'armoiries, reproduction de sceaux, détails de gravure héraldique de belle exécution.

BARAIL (Le général du)

N° **78**. — Mes mémoires. — *Trois volumes in-8°* ; *Paris*, 1896-1897-1898.

Edition comprenant les périodes de 1820 à 1879, avec trois portraits.

BIBLIOGRAPHIE MODERNE

N° **79**. — Galerie historique civile et militaire. — *Deux volumes in-8°, de 521 et 554 pages, de A à Z, sans nom d'auteur* ; *Paris*, 1815.

Ce recueil contient plusieurs milliers d'articles sur les personnages du temps, très complet, comme renseignements. Complément du Dictionnaire des Girouettes.

BURKE (Jean)

N° **80**. — Genealogical and heraldic history of the landed gentrey. — *In-8°, relié, 1838, de 805 pages, table et nombreux blasons.*

N° **81**. — Genealogical history of the commonors. — *Deux volumes in-8°, reliés toile, 740 et 737 pages, tables, nombreux blasons bien gravés* ; *Londres*, 1836-1838.

BEUGNOT (Le Comte)

N° **82.** — Les Olim, documents officiels sur l'histoire de France. — *Deux volumes in-4°, de plus de* 1,000 *pages; Imprimerie Royale,* 1839.

Arrêts rendus par la Cour du Roy Philippe IV, de 1254 à 1318.

Pages 50, 974, 998, année 1298. On trouve Michel Gaillart, Bailly. Les archives de la Maison conservent des parchemins originaux signés de ce Michel.

Dans l'inventaire des documents relatifs à l'histoire de France, publiés par ordre de l'Empereur, en 1863, par le comte de Laborde, on trouve, aux actes du Parlement de Paris, le mandement de la Cour à Guillaume de Chilly et à Michel Gaillart, Bailly d'Auxerre, relatif au procès de l'évêque en 1298.

BLASONS

N° **83.** — Collection de 46 planches.

Feuilles ayant douze blasons chaque, en beau chromo, rehaussé d'or et d'argent; papier de luxe et intercalé sur chaque une page avec le blason de ses armoiries.

N° **84.** — Collection de 32 planches.

Ces feuilles ont 52 armoiries sur chaque planche, gravées en noir avec les règles du blason, ses proportions mathématiques, etc., les ordres de chevalerie, leurs colliers et insignes, casques, etc.

N° 85. — COLLECTION MAGNENEY. — *Un volume in-4° de 386 pages, veau.*

Ouvrage gravé en noir, ayant six écussons sur chaque page, avec les couronnes, supports, lambrequins et insignes de divers ordres religieux et militaires; le cadre est vide, prêt à recevoir les armoiries appropriées.

N° 86. — *Deux cents feuilles in-4° et in-folio d'armoiries de toutes sortes, chromolithographies et autres.*

BASTILLE

N° 87. — MÉMOIRES HISTORIQUES. — *In-8°, de 428 pages, relié; Londres, 1789.*

Liste des prisonniers et vue du château, lors de sa prise.

Sic fortes nominantur.

DU CANGE (Seigneur du Fresne de Fredeval)

Né 1610, † 1688.

N° 88. — Les familles d'Outre-Mer. — *Documents officiels pour servir à l'histoire de France, in-4° de 998 pages cartonné avec tables et tableaux généalogiques; publiés à l'Imprimerie Impériale,* 1869.

M. E.-G. Rey, de l'Institut, a donné un beau travail sur cet ancien manuscrit de la domination franque des Croisades.

L'auteur donne une origine commune aux Norreys, premiers barons de Chypre, comtes de Tripoli, grands Turcopliers des Armées chrétiennes d'Orient, chevaliers aux croisades, à celle des Norreys, barons de Halton, de Speke, de Bray, de Ricot, vicomtes Thame, comtes de Berkshire, pairs d'Angleterre, dont on peut voir les preuves de jonction dans la suite des ouvrages de cette bibliothèque, avec la souche normande, berceau de la famille. Il peut citer le Père Etienne pour être en accord sur ce sujet.

La princesse Eschives de Norreys, épouse de Philippe de Luzignan, prince de Galilée, tué en 1434, était son aïeule; sa parenté lui était bien connue quand, au xvi° siècle, il écrivait, en France, l'histoire de la maison royale de Chypre.

Mais, pour en revenir à citer textuellement du Cange et Rey, on peut dire que ce volume est à consulter en entier, pour voir la situation prépondérante des Norreys, dans la domination franque d'Orient. Une table spéciale manuscrite est annexée au volume pour les faits concernant la famille. On trouve des documents originaux de 1217, où les membres de la famille ont la qualité de chevalier, et on les voit successivement : gouverneurs du royaume, maréchaux de Jérusalem, connétables, sénéchaux de Chypre, seigneurs d'innombrables fiefs, et premiers pairs du Royaume, noblesse dont on peut voir les attestations dans les ouvrages de M. de Mas-Latrie, qui a mis à jour les anciennes chroniques du moyen âge, relatives aux familles françaises de Chypre.

On commence à la page 572, une notice entièrement consacrée à la Maison et page 493, il y a encore une généalogie pour les Comtes de Tripoli ; titre qui était généralement réservé à l'héritier du trône, dit l'auteur ; fait confirmé par M. d'Echavannes, dans son histoire de la maison de Luzignan, qui dit, page 77, que la postérité de la **princesse Eschives de Norreys**, la plus proche du trône, se trouve héritière des couronnes de Jérusalem de Chypre et d'Arménie.

Jacques II de Norreys, **premier Baron de Chypre**, etc., etc.; succéda au **Comté de Tripoli**, une des quatre principautés du Royaume de Jérusalem, et sa descendance fournit une dynastie de sept Comtes titulaires héritant des innombrables immunités attachées à cette baronnie dont les titulaires portaient le titre de comte ; ils étaient pairs, avaient le droit de battre monnaie. Voir dans la suite, les ouvrages de MM. Mas-Latrie et Rey.

Il est bon de noter que ce fut comme comte de Tripoli, que le Roy Pierre Ier fonda l'ordre de l'Épée, et qu'à son avènement au trône, en 1358, l'ordre fut tenu en grand honneur et les successeurs de ce prince lui conservèrent son prestige en ne l'accordant que dans de rares circonstances.

Jacques Ier de Norreys, à l'occasion de son ambassade auprès du **Pape Urbain V**, fut un des premiers chevaliers.

On trouve un Norreys, portant encore le titre de comte de Tripoli, en Italie, après les désastres que les dévouements de sa famille avaient amenés. La maison y avait du reste depuis longtemps des attaches.

Jean de Norreys épousa le 11 juin 1383, Andreola-Bianca, fille de l'Amiral Pierre de Frégose, frère de Dominique, **premier Doge de Gênes**. Sa sœur épousa Jean Grimaldi, chef de la maison des seigneurs de **Monaco**, qui, depuis 1641, portent le titre de Prince, qu'Honoré II prit de sa propre autorité.

Il résulte de ces mariages, que les **Norreys et Grimaldi**, issus de ces unions étaient cousins germains, parenté la plus proche, et quoique éloignée de nos jours, elle n'en est pas moins existante, le comte Pompeo Litta, dans ses *Familles célèbres d'Italie*, de 1844, donne, volume VII, ce mariage de Pomella avec Jean Grimaldi, et Bianca avec Jean de Norreys. Les deux autres sœurs épousèrent l'une un Spinola, l'autre un Fieschi ; elles eurent neuf frères. Le père était Pierre de

Frégose, amiral des galères en 1372 ; la mère d'Andreola-Bianca était Benedetta Doria, seconde femme de l'amiral : sa première épouse était Andreola Spinola. La maison de Frégose était encore alliée aux Malespina, Appiani, Piombino, Rangoni, Paléologue, cette dernière déjà alliée aux Norreys par les Luzignan.

César de Frégose fut naturalisé Français en 1536, ambassadeur de François Ier et chevalier de l'Ordre ; Octavien de Frégose, frère du cardinal, fut fait chevalier de Saint-Michel, en 1515 ; il y a huit Doges de Gênes du nom, de 1370 à 1513, un évêque d'Agen, plusieurs cardinaux.

Les Norreys avaient leur place marquée à la Cour de Savoye par leur attachement aux ducs. Surtout par l'héroïque fin de ceux qui se dévouèrent à la Reyne Charlotte.

Yolande de France, duchesse de Savoye, dans ses chroniques, dit : « G. de Norreys avait crédit et grand gouvernement en la Maison de Savoye, par la duchesse Anne, du temps de feu le duc Louis. »

Guillaume de Norreys était président du **Sénat à Chambéry**, en 1455. Pierre de Norreys avait été chef du Parquet, en 1329 (Burnière).

Samuel Guichenon, dans son histoire de la Maison de Savoye, revient souvent sur les membres de la famille, occupant des hautes charges à la Cour, au Parlement, etc., etc.

Guillaume de Norreys signe, le 5 octobre 1457, la permission, à deux gentilshommes, de se battre dans les États du duc de Savoye.

Le mariage de **Louis II de Savoye** et de Charlotte de Chypre, du 10 octobre 1458, est signé de l'**évêque de Nice** et de **G. de Norreys**.

Le mariage d'Anne de Chypre, du 1er janvier 1432, avec Louis de Savoye, est signé B. de Norreys, **maréchal de Jérusalem**.

Dans l'intimité, ils occupaient les places les plus proches des ducs ; Jean de Norreys, conseiller de la Reyne Charlotte, assista à l'acte du 18 juin 1462, où cette princesse transmettait ses droits à la Maison de Savoye.

Un autre Norreys fut conseiller et chambellan du duc de Savoye, il assista à son mariage en 1432, avec Anne de Luzignan, morte en 1462, et qui lui donna treize enfants, dont, entre autres : **Charlotte, Reyne de France**, et Louis II, cité plus haut, qui épousa l'héritière du trône de Chypre ; et ce fut l'inébranlable attachement des Norreys à la maison de Savoye qui amena leur ruine.

M. E. Charavay, dans la Société de l'histoire de France, année 1883, donne des lettres du Roy Louis XI ; on trouve, dans une missive du 29 mai 1455, que G. de Norreys, favori de la duchesse Anne, est chargé de suivre les négociations du mariage de la fille du duc de Savoye, avec le fils du **duc de Milan**, de même que dans une autre du 20 février 1455.

Aux archives de Milan, on conserve de nombreuses lettres des années 1455, 1457, 1461, relatives au renouvellement des créances de Norreys, conseiller du duc de Milan, puis chambellan du duc de Savoye, également classées.

On verra plus loin que Michel de Gaillart de Longjumeau, conseiller et ambassadeur du Roy Louis XI, avait été désigné pour traiter avec ceux du duc de Milan, dont un était ce Norreys ; ce n'est pas la première fois que les membres de la famille s'étaient rencontrés avant de fusionner par le sang, pour n'avoir qu'un représentant unique pour les deux races.

CICCO SIMONETTA

N° 89. — MANUSCRIT LATIN. — *Publié par M. Perret, 45 pages, in-8°; Paris,* 1891, *Imprimerie Nationale.*

Cette pièce historique met à jour une des phases de la longue carrière du général des Finances de Louis XI.

Michel de Gaillart fut procureur du Roy auprès du duc de Milan.

Ce manuscrit, qui avait été à Mme de Mandelot, née Eléonore Robertet d'Alluye, petite-fille de Michelle de Longjumeau, dame d'Alluye, donne aux pages 6, 8, 20, 22, 37, entre autres pièces, l'extrait du pouvoir donné à Fontenay-le-Comte, le 22 novembre 1472, par le Roy à son amé et féal conseiller, comme son procureur auprès du duc de Milan et une quittance de ce dernier, du 18 janvier 1473, de 50.000 ducats ; et d'autres pièces, relatives à sa mission, datées de Lyon. Le comte Litta dans ses *Familles célèbres de l'Italie*, dit que ce Cicco, secrétaire du duc de Milan, François Sforza, était un des personnages importants de l'époque.

Le manuscrit fait aussi mention de la remise des clefs de la Conciergerie, dont le procès-verbal est du 22 mars 1533.

Cette charge de conservateur des clefs de la Conciergerie devait être importante par le cérémonial dont les auteurs du temps parlent comme d'un événement à la transmission des pouvoirs.

Félibien donne aussi cet acte de décharge, en même temps que d'autres faits historiques sur des membres de la famille, que l'on peut retrouver classés à ses tables, à la lettre L, inscrits aux faits concernant les seigneurs de Longjumeau.

La dame dont il est question ici est Michelle, fille du deuxième mariage de Michel Ier, grand patron des galères, et de son épouse, Marguerite Bourdin de Villesnes d'Assy, dame de Puteaux. Son frère était Michel II, qui épousa, en 1512, la princesse Souveraine de Valois, légitimée de France.

Michelle est qualifiée de haute et puissante dame dans les actes du temps; elle fit acte de foi et hommage de nombreux fiefs aux Roys, notamment, le 24 décembre 1527, de son **domaine de Bury**. Cette baronnie avait le plus beau château de France avec Chambord. Voir sa description plus loin. Du Cerceau, étant contemporain, est des meilleurs à consulter; son ouvrage : *Les plus excellents bâtiments de France*, étant de 1576. Les quatre plans et vues qu'il donne des constructions donnent une idée des merveilles dont parlent, depuis, Touchard-Lafosse, de Fleury, etc., la terre, seule, fut payée 5.200 écus d'or soleil et Florimond Robertet, qui épousa Michelle, y fit construire, en 1515, à son retour d'Italie, un château avec une magnificence royale dans le plus beau style : les vandales ont détruit ces chefs-d'œuvre.

Le domaine a été érigé en marquisat et passa, par mariage, dans la Maison de Rostaing, la petite-fille de cette châtelaine ayant épousé, en 1544, **Tristan de Rostaing** qui, par elle, hérita de grands biens et eut une grande postérité représentée de nos jours. Une autre petite-fille épousa Emmanuel de **Crussol, duc d'Uzès**, prince d'Assier.

Michelle fut également *dame d'Alluye*; ce château, détruit comme Bury, n'est représenté que par le bel hôtel d'Alluye, à Blois, et que l'on visite encore. On y retrouva les armes des Longjumeau dans l'architecture. Alluye fut également érigé en marquisat et passa dans la Maison d'Escoubleau de Sourdis. Elle eut encore la **Baronnie de Brou**, dont le château existe de nos jours, qui passa également au Rostaing, puis au **Beaumanoir-Lavardin**, toujours par mariages.

Le fief d'**Orléans**, mouvant de Brie-Comte-Robert, était de ses domaines, avec **Villemomble** et **Montreuil**, dépendant du Châtelet de Paris.

Dans le Comté de Blois elle avait encore le domaine de Saint-Louis, celui de **Belmars**, et de Pierre-Coupe-d'Alluye. On retrouve une grande partie des actes de foi et hommages de ces nombreuses baronnies dans le Recueil des actes de François Ier.

Le manuscrit original de l'inventaire de ses bijoux, adjoint à son testament, et aux archives du prince Ferdinand. On y voit la description de ceux provenant de dons de la Reyne Anne de Bretagne à son père et grand-père.

Michelle mourut, en son château de Bury, le 16 octobre 1549 ; Clément Marot fit des vers sur sa tombe. Elle fut inhumée dans la chapelle d'Alluye de Saint-Honoré-de-Blois, aux côtés de son mari.

Les mémoires de la Société des lettres de Blois et ceux de la Société des sciences du Blaisois, années 1836 et 1852, sont à consulter. M. du Plessis, à la page 534, donne la descendance illustre sortie de son union, faits postérieurs au manuscrit de Simonetta et qui, du reste, n'étaient pas de son cadre ; mais ici, comme pour les autres ouvrages, il est ajouté des détails complémentaires développant les faits relatifs au membre de la famille qui est cité par l'historien, pour bien identifier le personnage, d'après des documents originaux. Compulsés en dehors du travail catalogué, mais réunis pour le compléter.

CHILLY (Le château de)

N° **90**. — Louis XVI et Marie-Antoinette a Chilly. — *In-8° de 26 pages, avec dédicace au prince comte de Longjumeau de Norreys, vues et plans du château, portraits, etc., etc.* ; *Versailles*, 1897.

L'abbé J. Jehin, curé de Chilly-Longjumeau, donne une piécette en vers d'un petit pâtissier, qui ajoute agréablement à la frivolité de ces pages légères d'un ecclésiastique, et font comprendre ses distractions quand il effleure la partie historique, intéressante, d'un sujet qu'il laisse de côté tout en l'effleurant !

Car, malheureusement, pour le curé de Saint-Etienne, il y a une lacune qui est plus qu'une faute : Il donne, à la page 26, — à la fin, — une liste des pierres tumulaires de son église et il omet la plus importante, la plus ancienne, celle que, dans son sacerdoce, il foule chaque jour de ses pieds, devant son autel. Ces effigies, ces armoiries sont bien visibles à ses yeux, celles d'un des plus importants seigneurs du lieu, allié directement par mariage à la maison de France, par la princesse, son épouse, qui repose à ses côtés, celui qui fit, le premier, la véritable prospérité du domaine. Et, s'il avait cherché, il en aurait trouvé d'autres de la famille. L'abbé Ladvocat, avec plusieurs historiens, dit qu'il y a celle de Michel Ier, mort au château ; mais il ne s'occupe pas même de celle de son fils, Michel II, qui est apparente, et que les iconoclastes n'ont pas réussi à détruire entièrement en raturant le libellé de l'épitaphe. Les pièces officielles de l'histoire de France sont heureusement là, avec celles de l'abbé Le Bœuf, M. de Guilhermy et d'autres qui font foi, pour servir d'étonnement à ceux qui voient le curé, vivant de nos jours sur les lieux, oublier une chose sainte pour s'occuper de vers concernant des fêtes et aider ainsi à effacer, avec les révolutionnaires, les inscriptions historiques de son église.

D'autres n'ont pas traité le sujet si légèrement et, du moment qu'ils ont touché aux choses sacrées des tombes, ils en ont compris la religion dans leur devoir d'historiens.

MM. André Duchesnes d'Angerville, Gérault de Saint-Fargeau, Dulaure, Patrice Salin, E. de la Bédollière, Pinard, ont, avec d'autres, cités déjà, honoré la mémoire de ceux qui reposent sous les marches du tabernacle de Saint-Étienne de Chilly-Longjumeau.

Le Roy **François Ier** vint passer à plusieurs reprises ses loisirs souverains chez son beau-frère, Michel de Gaillart, chevalier, seigneur et baron de Chilly, de Longjumeau, panetier de France, chevalier de l'Ordre d'Orléans, etc., fils du grand patron capitaine général des galères de France. On y trouve, notamment, sa présence dans le Recueil des actes de François Ier, où ceux du petit pâtissier ne trouvent aucune place, sa cour était moins frivole. Le seigneur du lieu avait obtenu de lui, en 1518, les décrets établissant les foires qui aidèrent à la richesse du pays, et dont le fief, devenu commune, jouit encore avec d'autres bienfaits de la famille. Il était encore au château en juillet 1537, où il signa plusieurs actes. A cette époque de chevalerie, on ne donnait pas des fêtes à tourner les têtes aux bourgeois, mais des tournois au Camp du drap d'or où la noble magnificence, développant la véritable fierté virile, n'excitait pas l'orgueil des colifichets.

CAIX DE SAINT-AMOUR

N° 91. — ORIGINE DE LA NOBLESSE CHEZ LES ROMAINS. — *In-8°*.

CATHERINE DE MÉDICIS

N° **92**. — Lettres de la Reyne. — *Documents officiels pour l'histoire de France, publiés par le gouvernement, deux volumes in-4° de 500 et 428 pages, Imprimerie Nationale; Paris, 1885, 1887.*

Au nombre des documents réunis ici par le comte de La Ferrière, on trouve, page 248 du 2ᵉ volume, une lettre du 5 janvier 1565, datée de Narbonne, au maréchal de Montmorency, relative aux troubles occasionnés par les réunions de protestants chez le seigneur de Longjumeau. L'imprimeur, en abréviation, met Sʳ : on peut croire à Sieur. Cette interprétation n'est pas celle des lettres de Charles IX, et Félibien retranscrit parfaitement *seigneur* de Longjumeau dans les édits des 27 et 29 avril 1561, et dans un rapport du 28 avril de la même année, qu'il donne dans son histoire de Paris, où à la table on trouve le nom inscrit à Longjumeau. Ouvrage dans lequel on retrouve encore l'arrêt rendu le 26 février, sur un rapport du 17 du même mois, relatif aux pièces d'artillerie trouvées dans les remparts du château de Chilly où, sur un ordre du Roy, le seigneur de Longjumeau s'était retiré, après les troubles de son hôtel au faubourg Saint-Germain, proche le Pré-aux-Clercs. Ce château est représenté dans l'ouvrage de Châtillon, il était féodal et n'a rien du nouveau château édifié à sa place dont la première pierre fut posée le 30 mars 1627, qui à son tour n'existe plus, mais a été détruit par ceux que les belles choses offusquaient.

M. Berty, dans le Recueil des documents relatifs à l'histoire de France, publié en 1876, volume I, pages 89, 90 et suivantes, et volume II, de 1882, pages 7 et suivantes, donne, avec les plans, un détail de cette propriété du Pré-aux-Clercs que l'on peut mettre ici, avant de continuer à citer les actes relatifs aux malheurs de la guerre de religion.

Selon le censier de 1547, le seigneur de Longjumeau en était le propriétaire; la maison fut détruite en 1572, et une faible portion du terrain fut, depuis, attribuée à la construction de l'hôtel Mollé. Le total de la propriété avait du temps de Michel de Longjumeau, deux arpents et demi ; le côté du jardin donnant sur le Pré-aux-Clercs avait douze perches, allant de la borne 7 à la borne 10 ; le total de ces bornes étant de trente-sept pour les trente arpents qu'avait le Pré-aux-Clercs, la propriété avait donc quatre bornes de ce côté : les n°s 7, 8, 9 et 10 ; de l'autre côté, la propriété était limitée par le chemin des Vaches (aujourd'hui rue Saint-Dominique), descendant un peu au delà du chemin du Bac jusqu'au chemin de Grenelle (aujourd'hui rue de l'Université).

C'est dans cette propriété que **Jeanne d'Albret** venait retrouver le seigneur de Longjumeau. L'histoire conserve le souvenir des réunions dont s'occupait la Reyne Catherine de Médicis, et le siège que le propriétaire y soutint avec quinze gentilshommes, dont il y eut des tués de part et d'autre, est rapporté à sa place. Les tristes résultats de la néfaste influence de Théodore de Bèze se faisaient sentir, mais cet apostat n'était plus là pour assumer la responsabilité des actes auxquels il avait poussé d'autres ; beau prêcheur de discorde, il disparaissait lâchement à l'heure des troubles qu'il avait suscités, et s'était enfui jusqu'en Suisse, sous un faux nom, et dans ces bagarres, ce fut le nouveau précepteur des fils du seigneur de Longjumeau qui fut tué, en défendant bravement le fils aîné, attaqué par les assaillants.

Ce de Bèze, commensal des enfants de la famille, était, on le sait, prieur de Saint-Éloy-de-Longjumeau, et avait pris part à l'éducation des fils de son seigneur, — Nicolas fils aîné, Michel, Louis et Benjamin, — étant arrivé au prieuré en 1542, de six ans plus jeune que le seigneur du lieu, père de ces quatre fils et de neuf filles. Les barons du lieu avaient la collation des bénéfices presbytéraux de ce prieuré de l'Ordre de Saint-Augustin, et qui valaient 2.000 livres. A la Révolution, il y avait encore trois chanoines.

De Bèze, mort en 1605, y avait succédé en 1542, à son oncle, comme 18e titulaire ; il était donc bien placé pour exercer sa pernicieuse influence dont les descendants des malheureux gentilshommes, qu'il poussait dans des révoltes pour les abandonner ensuite, se sont ressentis, de génération en génération.

Ils succombaient bravement au feu, comme cet autre fils du seigneur de Longjumeau, qui fut tué en défendant Coligny. Mais, de Bèze, sous le nom de May, préférait ourdir dans l'ombre, comme dans ses intrigues qui menèrent à l'échafaud, ce malheureux Spifame, évêque de Nevers, qu'il détourna de ses devoirs et poussa à la ruine. Cet évêque était le petit-fils de Pernelle de Longjumeau, tante de Michel III.

Le prieur de Saint-Éloy aimait à s'attaquer à la famille.

Volume II des années 1567 à 1570, aux pages 19, 29, 31, 179, 182, 185, 226, 242, 217, 356, 401, il y a de nombreuses lettres de la Reyne à Henry de Norreys. Le nom y est écrit de plusieurs manières, mais avec la préfixe chevaleresque de Sir, et la particule « de »; elles sont écrites à Chantilly, à Fontainebleau, et ailleurs, toutes du domaine politique. Elles sont classées, avec une nombreuse autre collection, aux archives.

Le mausolée, haut de près de dix mètres, de ce gentilhomme, est au Panthéon de l'abbaye de Westminster, dans la chapelle de Saint-Jean. C'est un des plus beaux monuments de l'église; l'ambassadeur de la Reyne y est représenté en haut-relief, de grandeur naturelle, avec son épouse à ses côtés, sous un dais, surmonté d'allégories chevaleresques. Les six fils sont agenouillés à ses côtés, têtes découvertes, leur casque devant eux, armés de toutes pièces. Ces armures de chevaliers sur d'aussi vaillants capitaines donnent une idée de cette race martiale d'un autre âge.

Les tombes de cette abbaye, réservées à la haute noblesse, sont reproduites dans les ouvrages historiques, on trouve, entre autres, des gravures dans Ackerman et Joseph Dart, etc., et aux archives de famille avec les diverses monuments funéraires, effigies tombales armoriées, épitaphes des seigneurs de la famille, dont les dépouilles immortalisées se trouvent semées sur la route des combats des champs de bataille du monde, depuis la conquête de l'Angleterre par les Normands, leur passage aux Croisades, où ils ont laissé d'impérissables souvenirs, jusqu'aux paisibles demeures de France et des Colonies.

CHEVALERIE (Histoire des ordres militaires de)

N° 93. — *Quatre volumes, reliés veau du temps, nombreuses planches donnant les insignes des ordres, avec des planches des costumes pour abbesses et grands maîtres de tous les ordres, avec leur chronologie; Amsterdam,* 1721.

Volume IV, pages 11 et suivantes : Ordre du Porc-Épic, ou du Camail, avec costume d'un chevalier revêtu du manteau de l'Ordre.
L'Ordre fut fondé par Louis de France, duc d'Orléans, en 1394, lors

du baptême du fils qu'il eut de Valentine, fille de Jean Galeas, duc de Milan. Il y est dit : « Les chevaliers doivent être nobles de quatre races, et au nombre de 25 seulement. »

Leur habillement consistait, sur leur côte d'armes, d'un manteau de velours violet, le Chaperon et le mantelet d'hermine, une chaîne d'or au col; sur la poitrine pendait un bijou ciselé d'or, représentant un Porc-Épic, avec une banderole ayant la devise **Cominus et Eminus** avec le collier, le duc donnait au chevalier une bague d'or garnie d'un camayeu, ou pierre d'agate sur laquelle étaient les insignes de l'Ordre.

Suit la copie *in extenso* des lettres patentes données à Blois, au mois de mars 1498, signées par le Roy, Cotereau et Bude.

Le libellé de ce double diplôme royal, qui nomme en même temps le père et le fils chevalier de l'Ordre, est des plus élogieux pour leurs service, caractère et noblesse, du capitaine général des galères et de son fils panetier, plus tard, de François Ier. La copie de ces lettres aux archives se retrouve dans divers ouvrages d'histoire.

Le père et le fils sont qualifiés de chevalier recevant un Ordre de chevalerie. « Amé et féal conseiller à nous en nos grands et principaux affaires, et dès longtemps à nos progéniteurs et prédécesseurs, toujours, vertueusement et en grande sollicitude acquittée, chaque jour, ainsi que son fils Michel, le cadet, aussi chevalier s'efforce constamment de faire », etc.

COUFFON DE KERDELLECK

N° 94. — RECHERCHES SUR LA CHEVALERIE DE BRETAGNE. — *Deux volumes in-8° de 580 et 569 pages avec tables*; Paris, 1877-1878.

Volume I, page 547, année 1432; Marguerite Gaillart, demoiselle d'honneur de la **duchesse de Bretagne**; elles étaient quatre : Mlles Marie de Cambray; Marguerite de Saint-Pou; et dernière, Jeanne de Cœtmenech.

Page 553, année 1498 : Catherine Gaillart, demoiselle d'honneur de la **Reyne Anne**, et dans un compte de l'année 1506, elle est qualifiée dame d'atour de la Reyne.

Vatout donne de même ce nom. On peut voir dans M. Le Roux de Laincy, l'affection de cette Reyne pour la famille, et ses dons à Michel, général des Finances. Mathurin Gaillart avait été auditeur de ses comptes.

Duchesses de Bretagne : Marguerite, comtesse de Vertus, fille de Louis de France, duc d'Orléans, décédée le 24 avril 1466, femme de Richard, quatrième fils du duc Jean V de Bretagne, comte d'Étampes.

Anne de Bretagne, Reyne de France, née le 26 janvier 1477, morte à Blois le 9 janvier 1514, fille aînée du duc François II et de Marguerite de Foix, avait épousé le 13 décembre 1491, le Roy Charles VIII, et le 8 janvier 1499, Louis XII.

CALMET (Dom), Abbé de Sénones.

N° 95. — HISTOIRE DE LORRAINE. — *In-folio de 617 pages relié veau du temps*; *Nancy*, 1748.

Une seconde partie, contenant les preuves, le tout avec planches reproduisant les médailles aux armes des ducs, les pièces de monnaie avec effigie, etc.

CELLIER-DUFAYEL

N° 96. — NOBLESSE ET PRÉJUGÉS. — *In-8° de 308 pages*; *Paris*, 1854.

CHARETTE (le Baron de)

N° 97. — SOUVENIR DES ZOUAVES PONTIFICAUX. — *Album de 110 pages de texte et autant pour les portraits des officiers du corps, de* 1866 *à* 1871.

COUCY

N° **98**. — Notice historique. — *In-8° de 80 pages*; *Paris*, 1889.

Notice sur les sires de Coucy, avec gravures.

COUTANCE

N° **99**. — Notice historique. — *In-8° de 45 pages*; *Saint-Lô*, 1847.

Par M. Renault.

COLEMAN (James)

N° **100**. — Index to printed pedigrees. — *In-8° de 155 pages en deux colonnes, relié toile; Londres*, 1866.

Recueil alphabétique de plusieurs milliers de généalogies, avec l'indication pour les retrouver séparément; ou dans divers ouvrages.

CATANZARO

N° **101**. — Trista Verita. — *48 pages; Florence*, 1882.

Dédié au prince Ferdinand, à la suite de son séjour à Florence, comme délégué français, au Congrès international de Sauvetage, représentant par délégation spéciale les sauveteurs du Midi, siège à Marseille, les sauveteurs des Alpes-Maritimes, siège à Nice, avec d'autres sociétés humanitaires. Médailles du gouvernement.

COUSSIN (Honoré)

N° **102**. — Immortalitat memoriæ nobilitati. — *Grand tableau de 60 centimètres sur 45, avec plus de 200 blasons.*

Sur ce tableau, dédié au syndic de la noblesse de Provence, on trouve le blason de Pierre-Joseph Laurent, syndic de la Noblesse, dont le portrait a été gravé par Baléchou, d'après Van Loo. Puis trois autres blasons : un pour le capitaine général des galères, grand-officier de la Couronne, un autre pour le prince-évêque d'Apt, avec celui de sa sœur, gouvernante des fils de France. Coussin a également gravé les deux portraits de ces derniers.

Loyalement je sers.

Le fret de Norreys doit être d'or.

DUMAX (L'abbé)

N° 103. — Album généalogique et biographique de la maison de France. — *Grand in-folio en 8 tableaux lithographiés, avec nombreux blasons*; Paris, 1872.

N° 104. — *Deuxième édition du même travail, 1888, en 14 tableaux, 13 chapitres et 67 pages de texte, blasons nombreux sur planches lithographiques.*

L'ouvrage expose très clairement la filiation généalogique des Roys de France avec leur succession au trône.

Fait sur un plan semblable à MM. Clabault, de la Haye, Chazot de Nantigny, etc., l'auteur, en les continuant, s'inspirant de ses devanciers, aurait pu ne pas omettre ceux qui ont toujours été inscrits, dans les auteurs les plus sérieux : Lainé, le père Anselme, de Sainte-Marthe, Saint-Allais, Dubuisson, d'Hozier, Courcelles, etc., comme faisant partie au titre de légitimés, de la maison de France.

DICTIONNAIRE HISTORIQUE

N° 105. — Par une société de gens de lettres. — *Huit volumes de 600 pages chaque, reliés veau du temps*; Caen, 1786.

Avec les articles les plus élogieux sur les divers membres de la famille, on retrouve de nombreuses erreurs. Les auteurs requis pour ces biographies ne pouvaient pas tout savoir quant aux relations de sang entre ceux dont ils parlent, et il est tout naturel que la valeur du personnage passait pour eux avant toute question de famille. Volume VI, on trouve un bon exemple pour la cacophonie orthographique du nom. On met : Denores, voir Norres, puis Noris.

On trouve, volume VI, la biographie de Janson de Norreys (ici le nom est écrit par nous comme il doit être écrit, une fois pour toujours, sans suivre dans leurs errements, les auteurs que l'on a à corriger).

On donne une liste de ses ouvrages, publiés de 1553 à 1590 ; il y est dit qu'ils sont d'une profonde érudition et d'un esprit élevé et qu'il laissa la réputation d'un poète et philosophe savant en Italie, où il s'était réfugié après avoir été dépouillé par les Turcs, de ses biens dans le royaume de Chypre.

On ajoute que son fils, Pierre, eut également une réputation des plus méritées. (Voir le n° 4.) Puis on passe, page 372, à l'éloge du cardinal qui descend de cette même branche de la famille, mais tout d'un coup on en fait un Irlandais. Ce savant avait pour père Alexandre de Norreys, c'est prouvé. Le nom n'a été pris, en Irlande, qu'en 1838, par substitution ; ce serait un phénomène bien étrange d'avoir un fils, mort cardinal en 1704, descendant d'une famille qui n'a existé que plus d'un siècle après. (Voir n° 108.)

Ceux qui ont publié des ouvrages modernes tombent dans cette erreur d'étourdis, qui suivent la faute d'un premier ignorant qu'ils recopient sans avoir recours aux documents contemporains du seigneur, feraient ainsi descendre un quadri-aïeul de son arrière-petite-nièce !

A la filiation historique, chaque membre de la famille a sa place ; les pièces probantes en main sont au catalogue.

Le cardinal Henry de Norreys était de la branche italienne de la vieille famille Chypriote, originaire de Normandie. Il naquit à Vérone, en 1631 ; Michaud le fait descendre de Jacques de Norreys, qui défendit si vaillamment sa seconde patrie contre les Turcs. Il descend, en effet, du général Jacques de Norreys, qui prit Satalie d'assaut, fut capitaine de la ville, et la défendit ensuite si héroïquement contre les Turcs, en 1361, qu'il ne faut pas confondre avec le général Jacques de Norreys, son descendant qui fut tué sur la brèche, en défendant Nicosie contre les Turcs, en 1571.

Niceron, dans sa vie des hommes illustres, lui donne parfaitement cette origine en parlant de son père, Alexandre, qui laissa de nombreux ouvrages. Le dictionnaire dit : l'Italie doit au cardinal le plus en fait de littérature ; son esprit était pénétrant et plein de vivacité, sa mémoire heureuse et ornée des plus beaux traits de l'histoire.

Les archives de famille conservent des pièces originales signées de Lancelot de Norreys, qui était rentré en France après les désastres de la prise de Nicosie. Il était capitaine avec le **duc d'Epernon**, en 1580 ; sa tante, **Mélusine de Norreys**, épousa François d'Avila, rentré en France à la cour de **Henry III** ; sa petite-fille fut demoiselle d'honneur de **Catherine de Médicis** et épousa un normand, **Jacques de Mercy**, et se retira avec lui, dans ses terres de Normandie.

Louis de Norreys était, de même, revenu en France après avoir échappé à sa condamnation à mort pour sa fidélité à la Reyne Charlotte. Il avait été **maréchal du royaume de Chypre**. Son fils, réduit à la pauvreté, étudia la médecine et mourut à l'âge de quatre-vingt-seize ans, estimé de tous ; l'honneur des Norreys n'avait pas failli.

Évidemment, les publications Michaud et similaires, réclamant des biographies, ne pouvaient pas demander ces détails aux divers auteurs ; mais il est regrettable de trouver des contradictions sur l'origine d'une famille, et il est nécessaire d'établir le lien de parenté entre des personnages dont séparément, sans se connaître, tant d'historiens ont, à travers les siècles, fait l'éloge.

Le berceau de toute cette lignée de savants et d'hommes de guerre est la Normandie. Ils se sont détachés de la vieille souche, dans le Calvados, pour se répandre, les uns à la suite de leur duc à la conquête de l'Angleterre, d'autres partirent aux croisades et eurent, dans les pays conquis, les plus hautes dignités ; mais, ceux d'Orient venaient directement de Normandie et ne descendaient pas de la branche qui s'est illustrée en Angleterre. Eux aussi, envoyèrent de leurs membres aux croisades : Allain Ier de Norreys se trouve devant Damiette en 1218 ; on a des actes signés de lui de 1223, 1227, 1232, 1240. Allanus Senechalus, Dominus Allanus. Son fils, Allain II, paraît avec la qualité de chevalier dans des actes de 1252 ; et son petit-fils, Jean Ier, fut le premier baron de Speke, d'après des actes de 1292, 1309. Mais ces chevaliers ne firent pas souche en Palestine, et ceux qui ne furent pas tués revenaient avec **Jean de Lacy**. On ne peut guère les considérer comme Anglais ; à cette époque, ils l'étaient de trop fraîche date, mais devaient former la branche qui s'est illustrée en Angleterre.

Volume IV, page 11, article sur Michel de Gaillart, que l'on dit né à Paris en 1449. En tout cas, nous avons l'épitaphe de la tombe de sa femme, qui est qualifiée de veuve à sa mort, le 9 septembre 1501, et des actes signés du Roy Louis XI, de 1472, où il y est qualifié de son conseiller. Il aurait donc eu vingt-trois ans à cette époque, et le Roy, né en 1422, en aurait eu cinquante, son avènement au trône est de 1461, à l'âge de trente-neuf ans. Il fut général des galères, chevalier de l'Ordre. Il aurait épousé Marguerite Bourdin, dame de Puteau, en 1482; son fils, épousa en 1512, Souveraine de Valois, **légitimée** par le Roy, en 1521.

Cet auteur donne d'autres détails qui confirment des faits déjà énoncés ailleurs, puis un deuxième article, relatif à l'évêque d'Apt. Dans cette biographie, on peut retenir qu'il fut l'auteur du Dictionnaire, qu'il en confia l'impression à son aumônier Moreri, qui le fit paraître à Lyon en 1674. (Voir n° 7.)

Volume VIII, page 522, troisième article de 32 lignes sur la sœur de l'évêque, Madeleine, née le 24 janvier 1620, épousant à l'âge de seize ans, Gaspard de Venel, conseiller au Parlement, maître des requêtes et conseiller d'État; elle mourut à Versailles, le 24 novembre 1687, « femme d'un caractère ferme, plein d'esprit, de jugement et de vertus ».

Elle eut beaucoup de part à la rupture de Louis XIV et de Mlle **Mancini**, qu'elle conduisit à Rome pour lui faire épouser le **connétable Colonna**. Suit la répétition de faits trouvés dans d'autres ouvrages.

Le testament de cette dame, aux archives de famille, est des plus intéressants. Elle parle d'un certain diamant noir, qu'elle aurait reçu du connétable, avec d'autres bijoux de prix, provenant de la Reyne **Anne d'Autriche**, du cardinal de Mazarin, du futur Roy **Philippe V**, qui, comme duc d'Anjou, était au nombre des fils de France dont elle avait été gouvernante. Le Roy lui avait fait la promesse, lors de son mariage en 1659, avec Marie-Thérèse d'Autriche, fille unique de Philippe IV d'Espagne, qu'elle serait la gouvernante du premier enfant qui lui naîtrait, mais cette princesse, Anne-Élisabeth, née en 1662, mourut la même année.

Madeleine de Gaillard-Venel eut ensuite celle des petits-fils de Louis XIV. Le Dauphin, Philippe, devenu Roy d'Espagne; et Charles, duc de Berri. (Voir n° 45.)

DEVISES ET CRIS DE GUERRE DES FAMILLES

N° **106**. — *168 pages, sans nom d'auteur*; *Paris*, 1853.

DICTIONNAIRE DE BIOGRAPHIE UNIVERSELLE

N° **107**. — *In-8° de 1.964 colonnes, relié*; Paris, 1844.

Cet ouvrage, par une réunion d'auteurs, donne, page 612, une note sur l'évêque d'Apt, et dit que ce fut lui l'auteur du dictionnaire publié sous le nom de Moreri.

Pages 1162, 1774, 1822. Le cardinal de Norreys au nombre d'érudits du xvii° siècle, de même que Janson, mort en 1590.

DICTIONNAIRE HISTORIQUE DE L'ITALIE

N° **108**. — *Deux volumes de 674 et 703 pages, reliés veau du temps*; Paris, 1777.

Volume II, page 185 : Un des cardinaux qui fit le plus d'honneur à l'Italie, fut Henry de Norreys, né à Vérone en 1631 ; ici on s'occupe spécialement du savant, et on ne s'égare pas dans les origines de sa famille, se bornant avec raison, à son grand talent. De l'Ordre des ermites de Saint-Augustin, il étudiait régulièrement quatorze heures par jour.

On peut intercaler ici l'observation d'un de ses biographes, Niceron, qui dit : « Ne fut jamais malade, travaillant sans cesse, quand subitement, une hydropisie se déclara et l'emporta en peu de jours, à l'âge de soixante-treize ans, le 23 février 1704 ».

Sous Clément XI, il fut professeur de théologie et de philosophie dans plusieurs maisons de son Ordre. Le grand-duc de Toscane lui donna la chaire d'histoire ecclésiastique de l'université de Pise, et le nomma son théologien en 1674.

Il publia en 1673, à Florence, son histoire pélagienne ; elle lui valut la haine des Jésuites, mais l'Inquisition décida en faveur de Henry de Norreys.

Il fut nommé qualificateur du Saint-Office par Clément X; en 169,2 sous-bibliothécaire du Vatican par Innocent XII, puis consulteur de l'Inquisition et bibliothécaire du Vatican, en remplacement du cardinal Casanatta en 1700.

Il fut fait cardinal le 12 décembre 1695, par Innocent XII. Il était membre des congrégations du Saint-Siège, etc. Fondateur de l'Académie de Christine de Suède, etc. Entré dans les Ordres sous Innocent X, qui mourut en 1655, il vit donc huit papes : Alexandre VII, Clément IX et X, Innocent XI, Alexandre VIII, Innocent XII et Clément XI.

Il joignit, ajoute ce dictionnaire, à l'esprit le plus pénétrant et le plus vif, le goût le plus sûr et l'érudition la plus vaste.

Colonia l'avait mis dans sa bibliothèque des jansénistes.

Le grand inquisiteur d'Espagne le mit à l'index.

Benoît XIV condamna la censure, et son successeur Clément XIII annula en faveur du cardinal, par décret de 1758, la condamnation de ses ouvrages, et défendit, sous peine d'excommunication, d'y avoir égard.

On retrouvera, dans d'autres ouvrages catalogués ici, la suite de son panégyrique.

En 1702 il avait été nommé par le Pape pour travailler à la réforme du calendrier.

DRIESTEN (Joseph van)

N° **109**. — Ordres de chevalerie de Russie. — *In-8° de 52 pages.*

Avec la notice historique de l'ordre. Chaque croix, avec son ruban, est reproduite sur original par photogravure. Avec dédicace de l'auteur.

N° **110**. — Le Roy d'armes. — *In-4°, nombreux blasons et preuves de 4, 8 et 16 quartiers; Paris,* 1900.

Dans le nombre se trouvent des armoiries de 15 centimètres sur 18 centimètres de Norreys, de Halton, de Longjumeau-Valois-

Angoulême. Comme il n'y a pas de texte pour les décrire, on doit les blasonner ici.

Sur le tout, de Norreys, qui est, parti au premier de Norreys, au deuxième de Bretagne, depuis le mariage d'Ivon, petit-fils de Rollon, avec Emme, fille d'Allain, comte de Bretagne, dont le fils, Nigel, premier baron de Halton, fut par son fils Richard, procréateur des sires de Norreys dont les armes sont : écartelé d'argent et de gueules, une divise d'azur brochant en fasce sur le tout, les quartiers de gueules chargés d'un fret de trois traits d'or.

Cet écu sur un blason.

Coupé : au Ier, de Longjumeau-Valois-Angoulême, qui se blasonnent, argent semé de trèfles de jardin au naturel, en chef deux Croix de Saint-Antoine de gueules, en pointe deux perroquets de sinople, becqués et membrés de gueules, une aile éployée au naturel. pour Longjumeau seigneurial, par lettres du Roy François Ier. De même, par mêmes ordonnances, parti au deuxième de Valois-Orléans-Angoulême, qui est d'azur aux fleurs de lys d'or de France, au lambel à trois pendants d'argent pour Orléans, chargé de trois croissants de gueules pour Angoulême.

Le bâton d'argent, péri en barre, a été supprimé depuis les lettres souveraines de légitimation de 1521, de François Ier; les armoiries en étaient chargées de 1512 à cette époque. On sait que Charles VII ne légitima pas son frère bâtard, mais en lui donnant le comté de Dunois, il lui permit de changer la brisure de ses armes, d'une barre d'argent, en un bâton mis en bande, en vertu de ses grands services. (La Houssaye, p. 31.)

Ce coupé, au 2me d'Anjou, dit Plantagenet, de Normandie-Aquitaine (dit d'Angleterre), blason des Roys dont descend la maison des princes de Norreys, par de multiples ascendances que l'on ne peut qu'abréger ici. Ailleurs le détail des filiations directes par le sang est amplement établi pour d'autres descendances souveraines.

Elles sont écartelées la plupart du temps. La simplicité correcte les commande, en conformité avec le sceau d'**Isabelle de France**, comme ici, neuvième aïeule de Henry III de Norreys. Ce fut elle qui les apporta et son fils, le roi Édouard III, prenant les armes de sa mère, en 1340, mit les fleurs de lys au premier quartier. (Voir n° 10.)

Une autre loi héraldique, pour placer ici les fleurs de lys en premier, est qu'**Anne d'Anjou**, quatrième aïeule de ce même Henry de Norreys, avait pour arrière-grand-mère **Jeanne de Valois**, qui se trouve ainsi sa septième aïeule maternelle; de plus, la descendance royale date d'une époque antérieure au décret de 1707, fixant le quartier de France au deuxième. Les détails de filiation se trouvent aux tableaux chronologiques et au pennon en tête des 64 pages du 1ᵉʳ chapitre des alliances directes de la Maison des Norreys où l'on trouve que Henri II, père de Henri III, avait pour 6ᵉ aïeule Eléonore d'Anjou, arrière-petite-fille de **Sainte Éléonore de Provence**, et pour 8ᵉ aïeule Jeanne d'Anjou, petite-fille de **Saint Ferdinand d'Espagne**.

Les trois fleurs de lys datent de 1405, dans les armes de ces rois. Avant, c'était le semé ; quant au nombre des léopards, il n'y en avait que deux primitivement ce fut Henry II, roy d'Angleterre, duc de Normandie, qui y ajouta un troisième, après son mariage, en 1151, avec **Éléonore d'Aquitaine**.

Les tenants, chevaliers armés de toutes pièces, de l'époque des Croisades et des tournois en France. Le cimier est l'aigle ou Ern, de la maison des barons de Erneys, nom d'un fief près de Norrey, en Normandie, et dont Alice, fille unique et héritière de Roger de Erneys, épousa Henry Iᵉʳ de Norreys, et ses descendants adoptèrent leur armes comme cimier ; avant, il était celui qui se trouve de front dans la couronne comtale, sur le casque de baron souverain féodal : une tête de jeune fille normande aux yeux bleus, les cheveux blonds lui tombant sur les épaules, le buste coupé au-dessous des seins.

Cette impression aux encres grasses, est la reproduction d'un tableau de 75 centimètres sur 50 ; dessinés au trait et à l'aquarelle, tous les attributs coloriés à la main, les chevaliers tenants ayant 25 centimètres de haut.

Nº **111**. — NOEL FLAMAND. — *In-8º, tirage à part; Paris*, 1894.

Dédicace de l'auteur au prince de Norreys.

DECHAMPS (Émile)

Nº **112**. — QUINZE MOIS A L'ILE DE CHYPRE. — *72 pages in-4º, en 15 chapitres extraits du « Tour du Monde » de* 1899.

Relation d'un voyage avec nombreuses gravures, sans aucune note historique du moyen-âge sur les familles françaises.

DELISLE (Claude)

N° 113. — Généalogie des patriarches et roys. — *Grand in-4° de 64 planches gravées, relié veau du temps 1718, papier fort.*

Tableaux de filiation pour les souverains clairement exposés pour tous pays, depuis la création du monde.

DOLGOROUKY (le prince Pierre)

N° 114. — Les principales familles de Russie. — *206 pages, relié, avec table; La Haye,* 1843.

Ce travail consciencieux, avec la compétence de l'auteur, en fait un précieux recueil de notices sur la véritable noblesse russe, et les « barons Russes ».

DEBRETTE

N° 115. — Baronetage and Knightage. — *616 pages, relié toile,* 72ᵉ *année,* 1880.

État présent de cette classification dans la hiérarchie du premier degré de la noblesse anglaise, qu'il ne faut pas prendre pour le peerage; aux pages 27 et 28, il y a l'origine royale, en ligne directe, des **Beaumont** issus des **roys de Jérusalem**, dont le roy d'armes Burke dit que les Norreys sont héritiers.

Courte notice sur chaque famille avec le blason gravé des baronets, à ne pas confondre avec baron.

DONIZETTI

N° **116**. — ANNE BOLEN. — *244 pages, partition de la tragédie lyrique, musique, relié*, 1839.

DARGAND

N° **117**. — HISTOIRE DE LA REYNE ELISABETH. — *424 pages, in-8°; Paris*, 1866.

Page 83 : Une lettre du 22 février 1566, à Henry de Norreys.
Page 217 : Plus de 12.000 hommes prirent part à l'expédition de 1589, du général Jean de Norreys, pour mettre don **Antonio** sur le trône de **Portugal**. Sur 1.100 gentilshommes, 400 seulement revinrent; il y eu donc 700 morts, du côté des officiers, pour la cause portugaise dans l'expédition organisée et commandée par Norreys, qui y sacrifiait sa fortune avec sa vie, et qui n'en eut jamais le moindre dédommagement. Il était trop brave comme on peut le voir aux n°s 6, 51.

DELLEY DE BLANCMESNIL

N° **118**. — NOTICE SUR QUELQUES TITRES DE LA SALLE DE VERSAILLES. — *Grand in-4° de 537 pages; Paris*, 1866.

On peut voir combien cette salle, dite des Croisades, est incomplète. A cet égard, la *Revue nobiliaire* : le Ponthieu aux Croisades donne des développements. L'auteur dit, avec les omissions, il y a des fautes, car des noms y sont inscrits à des blasons dont la famille n'existait pas à l'époque, d'autres, qui n'étaient pas chevaliers : la simple présence d'un nom à une des croisades ne constitue aucune noblesse (voir les articles de la dîme à ce sujet) ; c'est l'état du croisé; qui fait tout.

DESCLOZEAU

N° **119**. — Le mariage et le divorce de Gabrielle d'Estrées. — *In-8°*, 58 *pages; Paris*, 1886.

On dit, page 10 : La mère de M. d'Estrées, une Robertet, à cinquante ans, plus belle encore que ses cinq filles, épousa, en secondes noces, le **maréchal d'Aumont**, faisant un mariage d'amour.

L'auteur omet de dire que la mère de cette Robertet était Michelle de **Longjumeau**, et que si la virilité mâle, dans la famille de Gaillart, était héréditaire, les demoiselles ont toujours transmis une réputation de beauté.

N° **120**. — Gabrielle d'Estrées et Sully. — *In-8°, de* 55 *pages; Paris*, 1887.

DULAURE

N° **121**. — Histoire des environs de Paris. — *Six volumes in-8° de plus de* 400 *pages, reliés, nombreuses gravures et atlas; Paris*, 1838.

Dans le fatras de ces articles, au volume VI, pages 108 à 115 et 311, l'auteur dit que Michel, seigneur de Longjumeau, n'eut que deux filles; puis, il confond le père et le fils, pour parler, après, d'un des descendants du nom, ce qui est surprenant si deux filles seules vinrent du mariage ! Du reste, il ne semble pas très bien comprendre le sens du mot fille. Heureusement que des historiens, écrivant mieux, ont fixé ces points sur lesquels l'auteur avoue, heureusement, être incertain.

N° **122**. — Histoire de Paris. — *Huit volumes in-8°, sixième édition,* 1837.

A la page 391 du volume III, il y a une relation des troubles du 24 avril 1561 du Pré-aux-Clercs.

Il dit que le sieur de Longjumeau se défendit pendant quatre jours dans sa maison, et réussit à faire parvenir ses plaintes au parlement, mais ce seigneur, toujours assiégé, n'est pas libre de se retirer de sa maison de Paris, presque entièrement dévastée, pour se rendre dans son château de Longjumeau.

Il y eut de nombreux blessés et tués. Au volume IV, page 7, il est encore question de ce sujet, mais il est mieux traité dans d'autres ouvrages.

DOUET D'ARC

N° **123**. — Un traité du blason du quinzième siècle. — *In-8° de 40 pages, avec blasons; Paris,* 1858.

La *Revue Archéologique* a donné ce travail.

DICTIONNAIRE DES GIROUETTES

N° **124**. — *In-8°, de 491 pages, frontispice colorié; Paris,* 1815.

Des centaines de biographies de ceux qui ont trahi, tour à tour, la République et l'Empereur, le Roy et l'Empereur.

DICTIONNAIRE ÉTYMOLOGIQUE DES 400 PRÉNOMS USITÉS EN FRANCE

N° **125**. — *In-8°, de 165 pages; Paris, 1898.*

Ce travail est dû à M. E. Ferrière.

Ferdinand ; de l'ancien haut allemand, Heri-Nand : Heri, armée ; et Nand, du gothique, audacieux.

DICTIONNAIRE DES NOMS DE BAPTÊME

N° **126**. — *In-8°, de 384 pages; Paris, 1863.*

Nomenclature et biographie de tous les saints qui ont donné l'origine au nom.

Saint Ferdinand, roy de Léon, mort en 1252, après avoir été roy de Castille par l'abdication de sa mère en 1217, canonisé par Clément X en 1671 ; fête honorée le 30 mai, paraît au 12° degré du lignage royal de Norreys.

DRAPEAUX

N° **127**. — Pavillons et fanions. — 452 *pages.*

Le nom des yachts, leurs signes distinctifs, pavillons particuliers

N° **128**. — Guidons et insignes. — *Grand tableau chromo fin.*

N° **129**. — Bannières et étendards. — *In-8°, avec grande planche en chromo.*

Code international des pavillons, signaux à bras, alphabet des guidons.

Foi et Loyauté de Norreys.

EMPIS, de l'Académie Française.

N° **130**. — Les six femmes de Henry VIII. — *Deux volumes in-8° de 479 et 504 pages, reliés.*

L'auteur, dans ses scènes historiques fait entrer Henry II de Norreys, qu'il qualifie de la préfixe chevaleresque de premier gentilhomme de la chambre du Roy, de premier écuyer de la Reyne, etc.

N° **131**. — Deux autres éditions de ce drame plein d'intérêt, une table adjointe spéciale pour référence aux scènes dans lesquelles on fait paraître Norreys.

ESPAGNE (Annuaire de la noblesse d')

N° **132**. — La Guia. — *In-8° de* 296 *pages, relié veau rouge*; *Madrid,* 1850.

Nomenclature alphabétique des noms patronymiques des personnes titrées avec la hiérarchie de duc à baron reconnue par le gouvernement.

N° 133. — Anales de la Nobleza de Espana, par F. Fernandez de Béthencourt. — *Nombreuses planches a'armoiries en chromo et en noir avec plusieurs tables.* 1re *année de* 1880 *et suivantes, de* 398 *et* 400 *pages.*

ÉTAT CIVIL

N° 134. — 2.500 actes de l'histoire nobiliaire. — *In-*8° *de* 474 *pages, tirage numéroté, exemplaire,* 367; *Nantes,* 1895.

Il est regrettable que le marquis de Granges de Sugères, auteur de ce recueil, n'ait pas d'imitateurs pour continuer ce travail et l'étendre à toutes les contrées de la France, pour les actes notariés et des paroisses, comme il les donne du plus grand intérêt comme pièces véridiques de sa région.

N° 135. — Actes authentiqués de l'Hotel de Ville de Paris. — *Un volume in-*8° *de* 478 *pages avec table, tiré à* 212 *exemplaires numérotés, n°* 120; *Orléans,* 1873.

Le travail de M. H. Herluison reproduit des centaines d'actes inscrits avant l'incendie du 24 mars 1871; mais se confine exclusivement aux familles d'artistes, et en exclut toute autre caste.

ESTAINTOT (Le Vicomte Robert d')

N° 136 — Des titres de l'ancienne noblesse. — 36 *pages*; *Paris,* 1864.

ÉTAT CIVIL A ACCORDER AUX PROTESTANTS

N° **137**. — Discours a lire au Roy. — *In-8° de 117 pages, relié veau de l'époque; Paris,* 1787.

ÉTAT DE LA FRANCE

N° **138**. — *Cinq volumes reliés veau du temps,* 1736.

Pour la Chambre des Comptes, on trouve, 25 juin 1715, Auguste de Gaillard; 19 janvier 1730, Pierre-Joseph Laurent, ce dernier, né le 21 août 1709, fut conseiller à la Cour des Comptes, député aux États généraux, commissaire et syndic de la noblesse.

FRANCE EN TABLEAUX SYNOPTIQUES

N° **139**. — *Album de 85 feuilles; Paris,* 1843.

DE LA FRARIÈRE

N° **140**. — Éducation antérieure. — *In-8° de 258 pages; Paris,* 1862.

FRANÇOIS Ier A ANGERS EN 1518

N° **141**. — *Plaquette de M. A. Parrot; Paris,* 1858.

FRANCE (Où est la Maison de)

N° **142**. — Aux légitimistes. — *In-8° de 112 pages, 4° édition; Paris, 1884.*

Ouvrage documenté en rapport avec le comte de Chambord et Naundorff, par M. B. Daymonaz, avocat, docteur en droit.

FRANCE (Abrégé chronologique)

N° **143**. — *417 pages, relié veau du temps,* 1744.

Cet ouvrage fait sur le plus excellent plan à suivre, est malheureusement sans nom d'auteur.

FRANCE (Histoire en tableaux)

N° **144**. — *Deux volumes in-8°, reliés veau,* 1802, *de* 528 *et* 492 *pages.*

LA FRANCE ET SES COLONIES

N° **145**. — Dictionnaire complet historique et géographique. — *Deux volumes in-8°, de 1,440 pages, en trois colonnes, reliés dos veau bleu lisse orné filets or; par Warin-Thierry, géographe, et Briand de Verze; Paris,* 1844.

LA FRANCE

N° **146**. — Dictionnaire des communes, hameaux, lieux-dits, etc. — *1,134 pages, relié dos chagrin noir, par Santini.*

LA FRANCE HÉRALDIQUE

N° 147. — *Huit volumes in-8° de 3 à 400 pages, 1874.*

M. Charles Poplimont, l'auteur de cette réunion alphabétique de notes sur les familles et leurs blasons, se trompe à Longjumeau qui est mal donné.

Au volume III, page 126, la famille Le Conte de Nonent est d'origine chevaleresque d'après ses preuves, faits en 1784.

LE FRANÇOIS

N° 148. — Mystères des vieux chateaux de France. — *In 8° avec vues et portraits.*

FISQUET

N° 149. — Histoire du royaume d'Alger. — *Deux volumes in-8°, reliés en un de 189 et 413 pages, 25 lithographies de Genet et Duvaux, tintées par Emeric, nombreuses vignettes et cartes, dos veau vert orné filets or*; Toulon, 1830, et Paris, 1842.

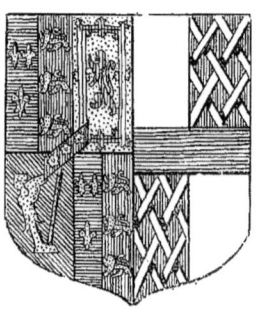

GOURDON DE GENOUILLAC

N° **150**. — Nobiliaire du département des Bouches-du-Rhône. — *In-8° de* 240 *pages*; *Paris*, 1863.

Le blason est étrangement décrit ; on confond les croix de Saint-Antoine avec des lettres **T** de l'alphabet. Dans les courtes notices de filiation, on dit que des magistrats distingués sont sortis de cette famille, qui a contracté des alliances avec les meilleures maisons de la Provence, etc., M. de Gaillard fut **Commandeur de Beaulieu**, et assista à l'Assemblée des États généraux en 1787. L'auteur ajoute : Comme conseiller au Parlement en 1631, Joseph ; et en 1649, César de Gaillard, puis président de la Cour des Comptes, le 17 mars 1682, Gaspard de Gaillard. L'auteur ne fait pas remonter la filiation au delà de Jean, contrôleur des guerres, et ne mentionne pas son père.

N° **151**. — Recueil d'Armoiries de maisons nobles. — *In-8° de* 450 *pages, belle reliure au nom d'Élie du Miral de Tony*; *Paris*, 1860.

Annexé à l'ouvrage, une photographie de M. du Miral, avec dédicace à M. de L.-N., de 1865.

A la page 208 : Même ignorance sur les croix de Saint-Antoine, ou Tau, que l'on prend pour des lettres de l'alphabet.

N° **152**. — Dictionnaire des Ordres de chevalerie. — *In-8° de 224 pages; Paris,* 1860.

Les croix avec leurs rubans et un tableau en couleur.

GIVIODAN (Le Comte de)

N° **153**. — Livre d'or de la Noblesse. — *In-folio de 425 pages, reliure de luxe aux armes impériales du Brésil avec dédicace à Dom Pedro; Paris,* 1852.

Ce volume renferme 13 très belles planches de grandes armoiries en chromo pour les familles, 5 pour des maisons royales et une pour les alliances de la maison de France, avec 20 blasons rehaussés d'or, de plus des centaines de blasons bien gravés, en noir, dans le texte des notices sur les familles.

GOTHA

N° **154**. — Collection des almanachs. — *Édition française avec portraits.*

N° **155**. — Taschenbuch der Freiherrlichen hauser. — *Texte gothique allemand avec portraits.*

N° **156**. — Genealogisches der Grafliches hauser. — *Avec portraits gravés.*

N° **157**. — Genealogischer Hofkalender. — *Relié toile des éditeurs, rouge et or.*

N° **158**. — Genealogisches der Ritter-Adels-Beschlechter. — 738 *pages avec portraits et tables.*

Cette collection des cinq publications de Justus Perth, chacune pour une classification différente de la noblesse, des personnages titrés, et des fonctionnaires des différents cours de l'Allemagne, paraissant simultanément chaque année.

GRANGES (La Marquise de la)

N° **159**. — La noblesse comme institution Impériale. — 34 *pages*; *Paris*, 1857.

GAZETTE DES SPORTS ILLUSTRÉS

N° **160**. — *Année 1882.*

Au n° 10, du 20 août 1882, page 8 : Portrait, blason et notice biographique sur le comte de L. de N., qui y est représenté avec l'uniforme de chef de bataillon, qu'il avait au 106° de marche pendant les campagnes 1870-1871. Les lignes élogieuses sur son compte sont du baron de Vaux et A. Goelzer.

ARMAND LUCY

N° **161**. — Lettres intimes de l'expédition de Chine 1860. — *In-8°, de 209 pages, avec cartes, illustrations et portraits*; *Marseille*, 1861.

Ouvrage publié par les soins de son père, Ad. Lucy, trésorier payeur général des Bouches-du-Rhône.

Avec photographie annexée, dédicace à son camarade Ferdinand, vingt ans après.

L'INDEX GÉOGRAPHIQUE

N° 162. — *In-4° de* 100 *pages*; *Paris*, 1884.

Avec dédicace à mon vieil ami L.-N., souvenirs affectueux de l'auteur, Armand Lucy.

GÉOGRAPHIE (Société de)

N° 163. — Collection des comptes rendus des séances. — *Bulletin* 12, *du* 15 *juin* 1883, *pages* 333-334.

Mission de Guillaume et d'André de Longjumeau, envoyée par le Roy de France en **Tartarie**. Des chefs importants de cette contrée remontent à une origine française, et probablement descendent de cette mission, dit le rapport. Il faut ajouter que l'on serait enchanté de rencontrer des Tartares compatriotes d'origine, mais que s'ils descendent de ces deux MM. de Longjumeau, et si par hasard, ils en portaient le nom même défiguré, ils n'auraient aucun lien de parenté avec les **seigneurs de Longjumeau**. Ces deux personnages portaient ce nom comme étant nés à Longjumeau, selon la réponse faite par lettre, par le vice-président de la Société à la question qui lui a été faite à cette époque par son collègue le prince L.-N. Le père André était dominicain. C'est lui qui rapporta de Constantinople à Venise, ensuite en France, la **Sainte Couronne d'épines**, c'était en 1239. On en conserve une portion à la métropole de Paris.

Ce dominicain retourna une seconde fois en Extrême-Orient en 1245 avec trois autres religieux de son Ordre, et l'on n'entendit plus parler d'eux après 1253. On a des lettres de lui adressées à saint Louis.

S'il a laissé avec Guillaume de Longjumeau et les autres membres de sa mission, en Tartarie, une descendance, leur origine serait curieuse à retracer, mais parfaitement établie quant à la non-parenté. M. Ludovic Lalanne, dans son Dictionnaire historique de 1877, après avoir fait mention des seigneurs de Longjumeau, fait cette remarque sur le célèbre dominicain, **André**, lors de ses missions en Tartarie en 1245 et 1249 de même que MM. Abel de Remusat et Pinard.

N° **164**. — Catalogue des portraits de voyageurs. — *In-8°. A la page* 21 *on trouve, inscrit sous le n° 987, le portrait du commandant de L. de N.*

N° **165**. — Liste des membres de la Société. — *In-8°, page* 65, *année* 1880, *le commandant de L. de N.*

N° **166**. — Collection des bulletins et annuaires de la Société. — *In-8°, publié par la Société Royale de géographie de France, puis Impériale, enfin Société de géographie de Paris, faubourg Saint-Germain.*

GEREMIA (Angelo)

N° **167**. — Bibliotheca italiana. — *In-4°, de* 264 *pages, reliure parchemin du temps; Venise,* 1727.

Aux pages 155, 158, 173, 189, 190, 196, 227, liste et titres de huit ouvrages de Janson de Norreys publiés de 1580 à 1590 avec leur lieu d'impression.

GIBERT ET DE MASSA

N° **168**. — Historique du Jockey-Club. — *In-8° de* 388 *pages; Paris,* 1893.

Biographie de quelques membres et la situation d'admission de tous, avec les noms de leurs parrains depuis la fondation, détails des diverses transformations de la Société, exemplaire numéroté.

GÉNÉALOGIES SÉPARÉES

LA PLUPART SANS NOM D'AUTEUR, RELATIVES A DIVERSES FAMILLES

RANGÉES ALPHABÉTIQUEMENT

HISTOIRE GÉNEALOGIQUE DES MAISONS D'ALSACE ET DE LORRAINE

N° **169**. — *Deux volumes, in-8°, de* 271 *et* 204 *pages, reliés dos veau orné; Paris,* 1811 *et* 1812.

Très complet pour chaque branche de la maison d'Autriche (par V...).

GÉNÉALOGIE ASCENDANTE

N° **170**. — Les seize quartiers complets jusqu'au quatrième degré des souverains régnants. — *In-folio, sans nom d'auteur, librairie Woss, avec table; Berlin,* 1768.

Cent quatorze tableaux imprimés et de nombreux manuscrits ; avec pages additionnelles intercalées, de filiation par quartiers paternels, et maternels, avec la date de chaque mariage, naissance et décès de toutes les souveraines, depuis 1768, remontant à leur cinquième génération.

ATLAS GÉNÉALOGIQUE ET HISTORIQUE DE LA FRANCE

N° **171**. — *In-folio, de 116 pages et 10 tableaux chronologiques des Roys; Paris,* 1848.

Quelques gravures, signées Jacot; le texte doit être de l'abbé Dantier.

GÉNÉALOGIE HISTORIQUE DES MAISONS D'EUROPE

N° **172**. — *Un volume de 1.124 pages, relié parchemin du temps; Leipzig,* 1750.

Ouvrage en douze livres, réunis en un; impression allemande vieux gothique.

UNE RECHERCHE GÉNÉALOGIQUE

N° **173**. — *Un fort volume, in-8°, de 550 pages, tables explicatives et un tableau de quartiers généalogiques replié, de plus de 4 mètres de long, lithographié, exemplaire numéroté n° 64, avec hommage de l'auteur; Versailles,* 1900.

Cet ouvrage peut être considéré comme un des monuments des curiosités généalogiques modernes. Ce travail, qui demanderait la vie d'un bénédictin, est l'œuvre de M. F.-F. Cossonnet, de Longjumeau. Le bénéficiaire de ces preuves jusqu'à son dixième aïeul, est né à Longjumeau, en 1846 ; son portrait est en tête du volume, qui lui donne 600 ascendants directs, avec preuves authentiques, car à côté des 734 noms de famille, il y a la copie **in extenso** de 908 actes de l'état civil, dont aucun de la noblesse.

Cette belle lignée, régulièrement établie, en est une que beaucoup ambitionneraient, et que la plupart des gens titrés des salons mondains ne sauraient atteindre.

AUMALE

N° 174.

Cette maison, nous dit L. Carpentier, dans sa *Noblesse du Cambrésis*, de 1668, et le marquis de Belleval, dans son *Nobiliaire des Ponthieu*, descend de Jean de Nesle, seigneur du Falvy, qui épousa **Jeanne de Ponthieu**, comtesse d'Aumale, dont Guy de Nesle, apanagé d'une partie de ce comté, transmit le nom à sa descendance. Nicolas de Nesle, comte d'Aumale, baron d'Haucourt, et de Chignoles, seigneur de Rieux, etc., etc., épousa, en 1570, Charlotte, fille de Michel III de Longjumeau et de Louise d'Ailly de Sains. De cette union sont nés six fils et deux filles qui ont épousé le baron de Metz et Antoine du Gard de Maricourt ; les fils continuèrent la postérité : l'aîné, Daniel, eut six enfants de son épouse, Mlle de Saint-Pol, fille de Claude, gouverneur de Cambray, et son fils Philippe, seigneur de Torigny, premier écuyer du prince de Condé, eut, à son tour, plus de dix enfants de son épouse, Madeleine d'Yaucourt, belle famille qui existe encore.

MAISON BONAPARTE

N° 175 — *In-8°, de 16 pages; Paris*, 1860.

Et d'autres généalogies de cette famille.

N° 176.

Grand tableau, par le marquis L. de Magny, de 63 centimètres sur 92 centimètres, en couleur, avec une centaine de blasons d'une belle exécution chromolithographique, collé sur toile. On trouve de bonnes généalogies de cette maison dans Saint-Allais, année 1835, Borel d'Hauterive, année 1853.

BOUTEILLERS DE SENLIS

N° **177**. — *In-8°, de 135 pages, extrait d'André du Chesne ; Paris*, 1879.

BROCHARD DE LA ROCHEBROCHARD

N° **178**.

DU CHASTEL (de Bretagne)

N° **179**. — *En tableau.*

HISTOIRE GÉNÉRALE DES HOMMES VIVANTS OU MORTS DANS LE XIX° SIÈCLE

N° **180**. — *Grand in-folio de* 1,000 *pages, deux tables, dix-huit beaux portraits, lithographies teintées, six planches de* 27 *centimètres sur* 42 *centimètres de diverses armoiries. Deux cents biographies, huit vues de châteaux, relié dos veau chagriné bleu.*

Ce recueil publié à Genève de 1860 à 1866 par une réunion d'écrivains de différentes nations, qui n'ont pas signé leurs notices cosmopolites de biographies généalogiques.

CHARRIN DE GUERNY

N° 181. — *In-4°.*

CHALIER

N° 182. — *In-4°.*

DUCS DE DINO (de Talleyrand-Périgord)

N° 183. — *Tableau de 45 centimètres sur 60 centimètres de 28 générations.*

DE FORESTA

N° 184. — *In-8°, de 79 pages, pour justification et tableaux généalogiques; Marseille,* 1876.

DE FOUCAUD DES DAUGNON

N° 185. — *In-8°, de* 10 *pages; Pise,* 1875.

DESMIERS D'OLBREUSE

N° 186. — *Généalogie de XI générations.*

Ce tableau remonte à Alexandre d'Esmier d'Olbreuse, en 1691, dont la fille Eléonore épousa morganatiquement le duc de Brunswick et en eut une fille légitimée, Sophie, qui, par son mariage avec Georges-Louis de Brunswick-Hanovre, devint mère du roi d'Angleterre,

George II, et de Sophie-Dorothée, qui épousant Frédéric-Guillaume, roi de Prusse, en 1706, se trouva à la tête d'une généalogie dont les descendants sont sur divers trônes. On peut ajouter que ce George-Louis, né 1660, † 1727, avait pour cinquième aïeule Jeanne, sœur de Souveraine de Valois, épouse de Michel de Longjumeau.

GRAILLY

N° 187.

Louis de Grailly, seigneur de Chalettes, épousa, en 1584, Renée, sœur de Nicolas de Gaillart de Longjumeau.

Une bonne généalogie de cette famille se trouve dans Dom Morin, *Histoire du Gâtinais*, avec l'alliance ci-dessus.

G. de Sibert, dans son histoire de l'ordre de Saint-Lazare, de 1772, dit que Jean de Grailly fut reçu bourgeois de Bordeaux.

La Roque, dans son Traité de la noblesse, ne manque pas de signaler, avec La Thaumassière, que les lettres de bourgeoisie que reçoit un gentilhomme ne sont par incompatibles avec la noblesse ; Jeanne de Besnes, mère de Jacques, grand-maître de l'ordre noble de Saint-Lazare reçut les lettres de bourgeoisie de Paris.

Nicolas de Longjumeau, beau-frère de Louis de Grailly, reçut celles de bourgeois de Morat.

LONGJUMEAU (Maison de)

N° 188. — *Un fort volume in-folio, relié toile rouge, dos veau, filets et fleurs de lys d'or.*

Réunissant premièrement :

I. — Vingt pages in-folio, tirage à part des Annales historiques et nobiliaires, de 1881, extrait des feuilles 49 à 72.

De nombreuses fautes, dont beaucoup relèvent de l'impression et de la mise en page, dans la filiation de la maison de Savoie dont deux degrés à retransporter, par rapport avec sa parenté avec la maison de Longjumeau.

II. — Neuf pages de la liste incomplète des familles qui ont des alliances directes avec la maison, par mariage avec leurs blasons, rangés alphabétiquement, 29 mariages de gentilshommes et 36 pour les demoiselles.

III. — Quatre pages de l'état des fiefs, n'en donnant qu'une quarantaine, est à développper.

IV. — Un portrait du prince Ferdinand, reproduction, encadrement gravé sur bois avec blason et devise, représenté en petite tenue de chef de bataillon.

V. — Deux pages d'une notice biographique où il est regrettable de voir que l'on semble, dans cet écourté, le faire rester loin de la guerre, en 1870-1871, quand, au contraire, il prit part à toute la campagne dans les rangs comme capitaine, comme chef de bataillon du 106° de marche, puis attaché à l'état-major du général Pellissier, etc., ayant, en effet, passé par la mobile des Alpes-Maritimes, mais n'étant pas resté à Nice, comme d'autres. — Mais, ce point fixé, — ce n'est pas un historique de la campagne à faire ici, pour rectifier cette biographie.

VI. — Huit pages, in-folio, imprimé, avec trente-deux blasons en noir, relatifs aux membres de la famille ayant fait leurs preuves de noblesse, acceptés dans l'ordre souverain de Malte, les formalités de réceptions, avec les différentes immunités inhérentes aux dignitaires, leur hiérarchie. La faute de cette liste, est qu'elle ne donne pas la totalité des chevaliers de la famille.

On y relève, cependant, quinze réceptions : un grand Prieur, le premier après le grand maître, un Bailly, un gouverneur des domaines, un général des galères, deux pages de l'ordre, un grand maître, deux grand-croix, six commandeurs, etc.

Dans le Bulletin de la Société héraldique de France, année 1890, il y en a une, qui, de 1654 à 1795, donne 19 chevaliers.

Il y est ajouté quelques chevaliers dont la mère était de la famille, les preuves de réception étaient aussi rigoureuses du côté maternel que paternel.

Dans cette liste on trouve des : de Grailly, Captals de Buch, de Dauvet, deux de Forbins, deux de Foresta. (A continuer.)

VII. — Douze tablettes de 45 centimètres sur 54 centimètres des preuves de 4, 8, 16, et 32 quartiers de noblesse pour divers membres de la maison des seigneurs de Longjumeau, dont les membres furent maintenus dans leurs noblesse, privilèges, honneurs et exemptions dont jouissent les gentilshommes par diverses ordonnances des commissaires, notamment de 1484, 1668, 1687, 1707, etc., etc., et dont les généalogistes du Roy, roys d'armes de France, ont reçu comme bonnes les preuves pour entrer dans les écoles militaires, chapitres nobles, religieux et autres, depuis les décrets établissant ces inspections, jusqu'en 1793.

VIII. — La liste générale des émigrés, dressée par ordre du gouvernement.
On y trouve trois de la famille, avec la mention : « Ci-devant comte, ci-devant baron, et marquis. »

IX. — Tableau de 75 centimètres sur 55 centimètres; replié (le même collé sur toile, sous le n° XVI), filiation ascendante et descendante en quatre colonnes, avec 38 blasons dessinés par J. van Driesten.
Neuf générations pour la filiation de Jean IV, aïeul du prince Ferdinand de Longjumeau de Norreys, jusqu'à sa septième aïeule maternelle, la princesse Souveraine de Valois, légitimée de France, et de dix générations pour l'ascendance des Roys Louis XV de France, Ferdinand VI d'Espagne et Victor-Amédée III Roi de Sardaigne, qui ont chacun Michelle de Longjumeau pour huitième aïeule. En troisième ligne, la branche d'Orléans.

X. — Tableau de la même dimension, n° XVII, avec trois blasons. En regard d'un abrégé de filiation succinct de neuf générations pour Longjumeau. Le développement généalogique de la descendance de la sœur de Souveraine de Valois, épouse de Michel de Longjumeau, autre fille de Charles de Valois et d'Antoinette de Polignac, qui se trouve grand'mère de Charlotte de Bourbon, abbesse de Jouar, qui épousa, en 1574, Guillaume IX de Nassau (ayant **Anne de Saxe**, sa femme, encore vivante). Il eut de cette religieuse échappée de son couvent, les enfants adultérins qui se trouvent procréateurs des maisons souveraines d'Angleterre, d'Allemagne, d'Autriche, de Prusse, d'Orléans, de Russie, des Pays-Bas.

XI. — Tableau de même dimension, avec 48 blasons de J. van Driesten, pour établir l'origine des **princes de Monaco**, huit générations, depuis Jacques de Goyon, qui fut panetier du Roy François Ier avec Michel II de Longjumeau, jusqu'à la substitution qui leur permît de prendre le nom de Grimaldi, avec l'indication des autres titres qu'ils s'adjoignent, provenant de leur descendance, par six parentés différentes, des seigneurs de Longjumeau. Florestan de Goyon-Grimaldi, prince de Monaco, avait pour mère une demoiselle d'Aumont, dont l'ancêtre était Pernelle de Longjumeau, ce qui, de substitution en substitution, a porté Charles III de Monaco à s'intituler, entre autres, comte de Longjumeau, titre qui n'a jamais existé; Longjumeau étant une Baronnie, érigée en marquisat, domaine dont ils n'ont jamais joui à titre de fief érigé en leur faveur, et dont ils auraient dû faire hommage au Roy, selon les lois rigoureuses de la noblesse, pour en porter le titre de Marquis.

Ce qui est différent pour les anciens seigneurs, effectifs, titulaires à la tierce foi, par hommage au Roy, ce que la famille des Chevaliers et Barons de Gaillart fit, les 16 février 1487, 27 mars 1499, 11 juillet 1501, 5 mars 1538, 6 août 1549, etc., au Roys Charles VIII, Louis XII, François Ier, Henry II, des Baronnies, fiefs, Seigneuries Chatelainies, terres et places de Chilly, de Longjumeau et autres. Actes confirmant plusieurs générations de ces chevaliers dans leurs droits seigneuriaux, nécessaires pour prendre le titre et succéder au nom à la mort de son père, comme à l'avènement au trône de chaque monarque.

Honoré, Seigneur de Monaco, prit de son propre chef le qualificatif de prince en 1626. Son descendant en ligne féminine, Honoré III, en prend aussi, de son initiative privée, n'ayant jamais été Seigneur de Longjumeau, mais propriétaire après la Révolution, d'une parcelle de terre sur laquelle avait été le château. La grand'mère de Florestan était une **Durfort de Duras**; par cette famille il descendait de Bernarde de Longjumeau, ainsi que de Michelle et de Marie.

La dernière des Grimaldi, anciens, morte en 1731, épousa le comte de Goyon et lui porta la principauté de Monaco, dont il prit le titre; elle lui donna huit enfants. Le prince actuel descend de cette union.

Cette héritière de Monaco avait pour mère **Marie de Lorraine**, dont l'ancêtre maternelle était **Marie de Longjumeau**.

Bien d'autres demoiselles de la maison ont leur descendance dans des familles existantes ; celles qui sont sur le trône sont indiquées aux tableaux, citées à leur place. (Voir p. 55.)

On peut rappeler aussi qu'à part l'alliance directe de Jacqueline de **Beauvillier de Saint-Aignan**, qui porta le sang de cette maison dans les veines des Longjumeau, cette famille en descend à son tour, car la petite-fille de Michelle de Longjumeau, morte en 1582, avait épousé, le 18 février 1559, Claude de Beauvillier de Saint-Aignan, auteur de toute cette famille de **ducs et pairs**.

Une des dernières demoiselles de cette famille descendant de Michelle de Longjumeau, née en 1749, épousa, en 1771, le marquis de la **Roche Aymon**, en eût une fille, Pauline, qui épousa le préfet de Goyon, mort en 1825, dont le petit-fils, né en 1849, porte le titre **de duc de Feltre**, par substitution de sa grand'mère Henriette Clarke.

On trouva dans le Laboureur, de Courcelles, de Sainte-Marthe, la Revue nobiliaire, etc., etc., que la maison de Montmorency en descend. Jean, page de l'**empereur Charles-Quint**, qui épousa, en 1564, Bernarde de Longjumeau, lui donna treize enfants, de quoi établir une postérité. Son petit-fils, Benjamin, prit le qualificatif de **premier baron chrétien** et épousa Marie de Laval. Hippolyte de Montmorency, fille de Bernarde de Longjumeau, épousa **Pierre de Melun, prince d'Epinoy**; sa postérité se trouve représentée dans les maisons des princes de **Ligne**, d'**Arenberg**, de **Croy**, de **Hennin**, etc., etc.

Le **maréchal de Noailles**, duc et pair de France, épousa Françoise de Bournonville dont la trisaïeule était cette même Bernarde de Longjumeau.

Pour les ducs de Saint-Simon c'est plus consanguin : Madeleine de Longjumeau épousa Florent de Rouvroy de Saint-Simon, et Jacqueline de Saint-Simon était grand'mère de Louise d'Ailly-Nesle de Sains, qui épousa Michel de Longjumeau et dont le fils aîné, Nicolas, est huitième aïeul du prince Ferdinand.

Claude de Rouvroy, **duc de Saint-Simon**, fut père de Louis, (auteur des Mémoires), par son épouse, **Charlotte de Laubespine**, de Ruffec qu'il épousa à l'âge de soixante-cinq ans. Cette Charlotte avait Michelle de Longjumeau pour trisaïeule.

Georges de la Bourdaisière, petit-fils de cette Michelle, épousa Marie du Bellay, **princesse d'Yvetot**, ses descendants relevèrent le titre.

Armand duc de Richelieu général des galères, avait pour quadrisaïeule maternelle une demoiselle de Longjumeau, fille de

Michel Ier, capitaine général des galères, la même grande dignité.

Charles de **Sourdis, marquis d'Alluye** par héritage de son arrière-grand'mère de Longjumeau, épousa Jeanne de Montluc, **princesse de Chabannais**. Sa sœur, Catherine, épousa Henry de Clermont-Tonnerre, dont le fils prit le titre de duc de **Luxembourg, et Piney** du chef de sa femme.

XII. — Tableau de 55 centimètres sur 38 centimètres, de cinq générations, seize quartiers et blasons pour Joseph de Gaillard, baron de Moissac des seigneurs de Longjumeau, qui épousa en 1626, Anne de **Grimaldi-Monaco**, arrière-petite-fille de Gaspard, fils de Michel de Grimaldi-Monaco, ayant pour aïeul Albert V de Monaco.

XIII. — Reproduction, en héliogravure, d'après des originaux peints sur toile, miniatures sur ivoire, etc., de cinq portraits de la famille de Longjumeau réunis au même format, avec encadrement semblable et blason.

LES SEIGNEURS DE LONGJUMEAU

N° **189**. — Autour de trois générations de la famille. — *In-folio de 150 pages, relié toile rouge.*

Historique ne dépassant pas Michel Ier, capitaine et grand patron des galères, une des charges de grand officier de la couronne, qui dispensait leurs descendants de faire leurs preuves de Cour, pour se terminer à son petit-fils, Michel III, fils unique de la princesse Souveraine de Valois dont le fils aîné, Nicolas, mort en 1593, continua la postérité ; jusqu'au prince Ferdinand.

Suit la liste des charges nobles que Michel Ier exerçait depuis 1470, sa faculté de posséder fiefs nobles ou de franc alleu. Le triple titre de chevalier par services militaires, par création dans l'ordre noble d'Orléans, par définition et délégation de fonctions, etc. ; ses exemptions de loger des gens de la Cour, et des logements de guerre. Conseiller du Roy Louis XI, on le trouve avec ce Roy à Tours, en 1474 ; à Paris en 1475 ; à Amboise en 1483. De retour à Paris, en 1484, il suit le Roy partout dans ses conseils, de même que Charles VIII qui, dès son avènement au trône, le confirme dans sa charge. Il signe des actes avec le Roy en 1497; enfin, avec Louis XII, qui le nomme de même son conseiller, sa carrière fut longue. On a des lettres royales qui le qualifient de conseiller, du 22 novembre 1472. (Voir n°s 2, 49.)

Anne de Bretagne, le tenait en grande affection et lui fit don des robes de cérémonie pour sa charge de général des Finances, en 1494. (Voir n° 94.)

Elle signa au contrat de mariage de son fils, Michel II, qui, comme aîné, lui succéda dans ses domaines de Longjumeau et de Chilly, dont il fit hommage au Roy, de même que son fils unique Michel III, avec de nombreuses autres seigneuries : Le Fayet, Armancourt.

On connaît l'épouse de ce Michel II, la princesse Souveraine de Valois. Cet ouvrage donne les détails sur sa génération. Son seul fils, Michel III, eut, par contre, treize enfants de son épouse, Louise **d'Ailly-Nesle de Sains**, dame du dit lieu, fief à 3 lieues de Cambray et qui donna son nom à cette branche de la maison d'Ailly-Nesles. Elle apporta en dot la baronnie de Courcy, sise, aux Loges, près d'Orléans, et qui fut érigée en marquisat, en 1751. Ce fief donna son nom à une des branches de la famille, formée par Louis, son fils puîné, et qui a fourni des chevaliers de Malte. Denis, **baron de Courcy**, entre autres, fut reçu en 1654.

La baronnie d'Escrennes, qu'elle apporta aussi à son mari, donna son nom aussi à son petit-fils Michel, **baron d'Escrennes**, qui fut tué au siège de Perpignan, en 1642. C'était une des terres les plus considérables et distinguées de l'Orléanais par ses droits et grand nombre de fiefs et seigneuries qui en relevaient. Ces terres lui venaient de sa mère Bernarde de Salazar, chatelaine de Laze, **baronne de Chasseney**, fief des plus importants en Champagne; cinq prévôtés relevaient de son baillage et qui lui venaient de sa grand'mère Jeanne de Choiseul de Montaglion, femme d'Étienne d'Anglure des **princes d'Amblise**.

Bernarde était nièce du fameux évêque de Sens, Tristan, qui, armé de toute pièces, accompagnait le Roy dans ses campagnes (il fit bâtir le bel hôtel que l'on voit encore à Paris), et petite-fille de Jean de Salazar, seigneur d'Issoudun, de Saint-Just, de Marcilly, etc., chambellan de Charles VII, **grand sénéchal de Normandie,** mort en 1479, et de Marguerite **de la Trémouïlle**, dame de Saint-Fargeau.

L'épouse de Michel III de Longjumeau avait aussi la **baronnie de Marigny**; elle lui venait de son ancêtre, Jean d'Ailly, seigneur de Sains, qui avait épousé Alix, dame du dit lieu, fille de Philippe et sœur d'Enguerrand de Marigny, **comte de Longueville**.

Le père de Louise était Jean d'Ailly de Sains, capitaine et bailly de Senlis, fils de Walleran d'Ailly, **grand échanson de France**, et de Jacqueline, fille de Gilles de Rouvroy de Saint-Simon, chambellan du Roy Charles VII.

Si le fils aîné de Louise d'Ailly, Nicolas, mort en 1593, par son père, Michel III de Longjumeau, fils unique de Souveraine de Valois, descendait des Roys de cette race, par sa mère il descendait de **Charlemagne**, car les Rouvroy de Saint-Simon, comtes de **Vermandois**, sont issus de Charlemagne.

Et, sans continuer cette filiation royale, on peut cependant dire que ce Nicolas de Longjumeau avait le sang des Roys de France de la **race Capétienne**, son ancêtre maternel, **Ogier d'Anglure**, ayant épousé Isabelle de Châtillon-Saint-Pol, des comtes de Blois, puis des Roys de la troisième race par Jean Ier **de Choiseul**, fils d'Alix, veuve de Gauthier de Bourgogne, et fille de Robert II de France, comte **de Dreux et de Nevers**.

DE LOUVIGNY

N° 190.

Cette famille est éteinte quant aux mâles.

Jeanne de Longjumeau épousa, en 1574, Claude de Louvigny, seigneur **d'Estréelles**, dont un fils et deux filles :

Jean de Louvigny épousa Anne de Preuille, et n'eut que deux filles : Marguerite, qui épousa Jean **du Blaisel**, et Jeanne, qui se maria à N. du Fays de Desguingote.

Ester de Louvigny épousa le seigneur de Guerville ; Marguerite, Henry de Cossette de Beaucourt, fils de Pierre, dont postérité à Montreuil-sur-Mer.

Aux Archives on conserve la copie de ce seigneur, adressées à M. **de Châteauneuf**, ambassadeur du Roy à Londres, avec lequel il semble avoir été en correspondance assez suivie, en 1588.

MONTMORENCY (Maison de)

N° 191. — *In-8° cartonné, de 19 pages, avec tableau généalogique; Paris 1864.*

Ce travail ne remonte qu'à François, décapité en 1627 ; fait plutôt pour la cause du comte de Talleyrand-Périgord, devenu duc de Montmorency. L'histoire de cette maison par André du Chesne donne la descendance issue du mariage de Bernade de Longjumeau, ainsi que le marquis de Belleval, nobiliaire du Ponthieu, et tous les historiographes de la Maison de France.

NORREYS (Maison de)

N° 192. — Les Sires de Norreys, Barons de Halton. — *Un fort volume in-folio, relié toile rouge, dos veau orné fleurs de lys d'or.*

I. — Premièrement, les 64 pages « alliances directes des divers membres de la famille », avec notice sur chacune d'elle, leur origine et la descendance à laquelle le mariage a donné lieu, accompagné de leurs blasons dessinés par J. van Driesten, au nombre de 86, : 11 écartelés et 75 plus petits. La presque totalité de ces alliances se trouve citée dans les divers ouvrages de ce catalogue, inutile d'y revenir. Le tirage à 100 exemplaires de cette partie historique sur les familles alliées, après avoir donné les parentés royales, est classée alphabétiquement ; la répartition chronologique étant du domaine de la généalogie, que l'on a soigneusement évitée ici, se retrouve dans les tableaux de filiation en abrégé et d'un arrangement tout autre.

II. — Cinq reproductions, en photogravure, de portraits de la famille de Norreys, réunis tous au même format, avec encadrement semblable et blason.

III. — Cinq tables de filiation, avec de nombreux blasons, extrait du tirage à 100 exemplaires.

IV. — Cinquante-deux pages de traduction du Latin, par le Vicomte Gressin de Boisgirard, docteur en droit, de la relation officielle dressée, sur un rapport daté de 1589, de l'expédition du général Jean de Norreys en Portugal, pour mettre Don **Antonio de Bragance** sur le trône.

On peut voir combien fut noble et généreuse la conduite du général, se sacrifiant pour la cause de ce prétendant ; n'était-ce pas, du reste, dans le sang des Norreys : Henry de Norreys, le grand-père du général, porta sa tête sur le billot pour son dévouement à une autre cause ; Galtier et Louis de Norreys furent également condamnés à mort et leurs descendants réduits à la pauvreté pour leur héroïque fierté à défendre leur souveraine légitime. Cela toujours sans la moindre compensation, et si ce n'était pas des gentilshommes qui exposaient leur vie pour leur foi, on pourrait dire remboursement.

Vingt mille livres d'or, somme énorme à cette époque, furent personnellement avancées par Norreys, avec engagement de couvrir les frais supplémentaires garantis sur sa fortune (Papiers d'Etat, collection Lemon).

On voit qu'avec leur vie, les Norreys n'y allaient pas de mainmorte, quand il s'agissait de seconder leurs actions d'éclat par le nerf de la guerre. Il va sans dire que cette fortune prise à ses propres dépens sur son patrimoine, fut engloutie. C'était une véritable action royale. Le Portugal, plus tard, n'en tint aucun compte au vaillant capitaine qui, en exposant ses jours, avec ceux des siens, offrait sa fortune.

Ce brave soldat avait avec lui ses deux frères, dont l'un grièvement blessé ; l'autre Henry, devait plus tard mourir d'une douloureuse agonie, le 9 septembre 1599, après avoir eu, dans une rencontre, en Bretagne, le 21 juillet de la même année, sa jambe emportée par un boulet, sur le champ de bataille. On sait que son frère, Maximilien, avait été aussi tué en Bretagne, le 27 novembre 1591. (Voir n° 51.)

L'expédition portugaise dura du 15 mars au 3 juillet. Le général de Norreys avait le commandement suprême des troupes de 12.000 hommes, et, sur **onze cents officiers gentilshommes**, sept cents périrent. Il fut cependant victorieux, et aurait réussi, mais Drake ne le seconda pas bien. Ce Francis Drake, parvenu d'une famille obscure, élevé par charité dans le Devonshir, où il était né, en 1545. (Page 21 ; Portrait de Thane), était l'instrument de la haine des

Knowels, et des basses ambitions du comte de Leicester ; à son retour, il passa au Conseil de guerre, mais il fut sauvé par ses protecteurs, mettant tout en œuvre pour éteindre la puissance de Norreys.

Lodge déplore le sacrifice de tant de nobles vies, par la mauvaise volonté d'un homme de basse extraction comme Drake, dit-il. (Volume II, page 406, portraits des personnages illustres.) Le général avait été victorieux sur tous les points, mais ne recevait aucun renfort de Drake, qui était resté en mer sur la flotte, composée de six navires royaux, vingt vaisseaux de guerre et cent quarante bâtiments de transport. En débarquant, le général, avec 1.200 hommes dont 400 chevaux, livra bataille à 8.000 hommes qu'il déroute, fit prisonnier don Juan de Luna et don Juan de Vera, assaillit le château réputé imprenable, le fit rendre après deux jours de siège, et le trouva très bien approvisionné.

La déplorable inaction de Drake, qui était une trahison, rendit ces héroïques efforts sans résultat, et quoiqu'il put se disculper devant le conseil, il n'en resta pas moins sous le poids de la responsabilité.

David Lloyd, dans un ouvrage publié en 1670, page 617, fait un grand éloge du général, avec des vers sur sa bravoure : « honnête guerrier et non homme de cour, couchant sur les terres les plus froides, nageant dans les eaux les plus rapides », etc. On le dépeint avec ses cinq frères, comme de puissants chevaliers aux plus lourdes armures.

Il est de fait que leurs effigies, de grandeur naturelle, tous six agenouillés autour de la tombe de leur père, revêtus de leur cuirasse, est d'un effet des plus imposant, bien fait pour inspirer cet auteur, avec bien d'autres.

Le Roy d'Armes Segar dit, volume V, page 483 : il descendait de Jeanne d'Anjou, que l'on avait surnommée « the fair maid of Kent », mère du Roy **Richard II, né à Bordeaux**, en 1366.

Banks dans son *baronage des Normands*, volume II, page 395, s'appuyant sur les chroniques de Baker, lui fait une réputation d'une autre force et dit qu'avant l'arrivée du général de Norreys dans l'armée anglaise, aucun Anglais ne buvait, et qu'il apporta l'intempérance normande et bretonne, accrue de son séjour en Hollande. Son portrait a été peint par Zuccero, Jean Thane, dans un ouvrage publié à 50 exemplaires, vers 1810, en donne un autre avec sa signature. (Voir n° 6.)

V. — Au nombre des documents authentiques dont ce volume donne un relevé, on trouve un ordre à l'armée, comme le général en délivrait en Bretagne ; il commence : « Nous, Jean, baron de Norreys, chevalier, gouverneur de la province, général des troupes au service du Roy de France Henry IV, etc., etc., signé le 19 mai 1591. » Dans cette pièce, son nom n'est pas orthographié comme sur sa tombe et celle de son frère, contemporaine de cette pièce, Maximilien ayant été tué le 27 novembre 1591. — La lettre e manque.

VI. — Traduction de cent trente pages, par M. Reginald Gough Paynter, d'un mémoire lu à la Société historique, le 4 avril 1850, par son auteur ; Ormerod, cet historien, en parlant des divers membres de la famille de la branche de Speke, depuis le xii° siècle, disserte en savant sur l'orthographe du nom, et semble pencher pour l'étymologie de Norvégien, après avoir cité des chartes de 1222, qu'il analyse, où il trouve Norensis, Norenisce.

Dans les grands rôles de l'Échiquier de Normandie, on trouve, en 1201, Willelmius Norrensi ; en 1245, Roberto Norisco, Noriscus et Noricum.

La terre à l'Est du Jourdain, a aussi son Casal de Nauré, qui s'est écrit aussi Naures ; ce lieu fut fondé par les chevaliers du nom de Norreys en 1270. (Rey, page 443.)

Mathieu Paris, Orderic Vital et les auteurs du moyen âge avec la latinisation en conjugaison, présentent des variétés infinies, qui trompent un traducteur inattentif. De certains même, comme Brompton, qui, pour donner une apparence rimée à une nomenclature de noms, sacrifient la véritable orthographie ce dernier l'a fait dans sa liste des chevaliers qui traversèrent la Manche avec le duc Guillaume. Les familles ne n'y retrouvent que difficilement.

A propos de nom, il fut donné le jour de Noël, en 1172, par Henry II, un banquet en l'honneur de son grand-père, où seuls, ceux du nom de **Guillaume**, devaient assister ; à son retour en Normandie, Guillaume de Norreys fut un des cent dix seigneurs qui dînèrent ensemble dans une salle a son débarquement.

Ce Guillaume est nommé père de Hugues, dans les grands rôles de l'Échiquier de Normandie, et ce Hugues eut une charte signée au Mans, le 10 octobre 1199, par le **Roy Jean**, pour confirmation de fief, affirmant celle signée précédemment par lui comme **comte de Mortain**. Ce Hugues était filleul de Hugues de Lusignan, comte de la Marche en Poitou ; il fut père d'Allain Ier, dont on a des actes signés devant **Damiette** en 1218, et qui revint en Normandie. Son fils Allain II, forma la branche devenue anglaise, et son frère, Baudouin Ier, créé chevalier à **Sainte-Sophie de Nicosie**, en même temps qu'Amory, plus tard, Roy de Chypre, épousa **Mélisande de Lusignan**, forma la branche d'Orient. On voit encore la tombe de ce baron et de sa princesse représentés de grandeur naturelle sur un haut-relief d'une dalle tumulaire de marbre blanc, décrite par M. de Mas-Latrie.

VII. — Tableau généalogique de sept générations, avec blasons, peints à la main, des alliances depuis Jean VI de Norreys, mort en 1719, qui eut, en date du 23 avril 1681, une **Charte royale** de concession pour de vastes domaines aux colonies d'Amérique. Les plans de l'époque, avec la copie légalisée enregistrée de la Charte originale aux archives de famille, section des manuscrits. Ce Jean épousa Marie, fille de Richard Savage des comtes Rivers, et fut père de Guillaume V, mort avant son père en 1715; de son épouse, fille de Richard de Cotton, il eut Guillaume VI, né 1662 + 1732, qui continua la postérité, père de Joseph, mort en 1784, grand-père de Guillaume VII, né le 20 mars 1774, mort le 17 février 1833, ayant épousé, le 26 décembre 1799; Sarah, fille de Balthazar de Schaeffer et de Marie de Larcher, née le 10 novembre 1783, morte le 23 février 1852.

VIII. — Tableau n° I, établissant la parenté avec les ducs de Normandie et l'origine commune avec les **comtes de Flandres**.

Six blasons et cinq générations, depuis Robert II, Roy de France, jusqu'à Gilbert de Norreys, filleul de **Gilbert de Gand**, neveu de Guillaume le Conquérant. Ce Gilbert, fils de Richard de Norreys, seigneur de Martinvast, qualifié de chevalier dans des actes de 1093, dont le père, Guillaume, deuxième baron de Halton, avait épousé Agnès, petite-fille de **Gisèle de Flandres** et de Raoul de Gand.

IX. — Tableau de 1^m,06 sur 75 centimètres, classé sous le n° II, de 13 premières générations pour la branche aînée de la famille, plus 5 pour la branche d'Orient, issue de celle de Normandie, avec l'indication de la scission de la branche devenue anglaise à la conquête, 7 blasons (celui de Frégose n'est pas correct).

La filiation, suivie de degré en degré, remonte à Yvon, qui épousa **Emme de Bretagne**, maison souveraine, dont la maison de Norreys descend en ligne féminine par ce mariage.

Il suit les chevaliers du nom en Palestine, le mariage de plusieurs avec les filles des Roys de Jérusalem et de Chypre et leur parenté avec la maison de France.

Le fils d'Yvon, nommé Nigel, qui veut dire Nicolas, en Scandinave, qualifié de **grand prince du Cotentin**, fit le premier voyage d'Angleterre avec son duc, et Guillaume, fils de Nigel, passa la mer la nuit de la Saint-Michel et aborda, le 29 septembre 1066, à Pevensey, fut à Hastings, et revint mourir, en 1134 à l'âge de plus de quatre-vingt-dix ans, à Avranches où il était né.

Ce seigneur était des douze Pairs créés par le Roy Guillaume.

X. — Classé sous le n° III, un tableau de 1^m,06 sur 75 centimètres, 36 blasons de J. van Driesten, 12 générations de la IXe à la XXe, s'arrêtant à Henry III de Norreys, mort en 1601. Ce lignage royal indique, de génération en génération, la descendance paternelle et maternelle de ce gentilhomme de :

1° Anne d'Anjou, sa quatrième aïeule ;

2° d'Eléonore d'Anjou, sa septième aïeule ;

3° Jeanne de Valois, également ;

4° Jean d'Anjou, son septième aïeul ;

5° et 6° Edouard II et Isabelle de France, ses neuvièmes aïeuls.

Pour son père Henry II de Norreys, il démontre qu'Eléonore d'Anjou est sa cinquième aïeule et que Jeanne, fille de **Ferdinand le Saint, Roy de Castille**, et de Léon, et sa huitième aïeule terminent en 18 colonnes, établissant l'origine du sang royal des Norreys, par d'autres filiations.

XI. — Collection de vingt vues des domaines de Tripoli et de Chypre, de 50 centimètres sur 35 centimètres. Ces gravures d'une très belle exécution, représentent les sites historiques concernant les Norreys.

XII. — Le château de Norreys en Palestine, vieux manoir en ruine. (Extrait du *Monde* histoire des peuples). Les eaux que l'on voit couler au pied de la tour, seraient celles de l'Adonis.

Ne pas confondre ce manoir avec Naures, ou Nauré casal bâti en 1270 par les Norreys, et. qui porte ce nom altéré ; géographiquement ce lieu se trouve en Galilée. On sait qu'Eschives de Norreys épousa Philippe, prince de Galilée.

XIII. — Tableau de 12 générations, avec 9 blasons, depuis Saint-Louis, jusqu'à Henri de Norreys et Nicolas de Longjumeau, indiquant la filiation qui leur donna à chacun ce Roy pour dixième aïeul, portant le n° IV. Cette feuille trace l'origine commune, en deux colonnes parallèles, des deux familles qui se sont ensuite fondues en un représentant unique, le prince Ferdinand.

Ces deux familles, sans anoblissement connu, avec possession de fief avant 1400, sont féodales. Selon le Bulletin de la Société héraldique de 1887, on attribue le qualificatif de quasi-féodale a celles qui, sans anoblissement connu, ne possèdent des fiefs que depuis 1561.

XIV. — Généalogie dressée par M. Jules Charles-Henry Petit, en un tableau de trois mètres de long sur $1^m,50$ de haut, développant la branche aînée des barons de Speke, formée par les huit fils de Guillaume fils aîné d'Henry Ier et d'Alice, fille et héritière de Roger, baron de Erneys et de Jeanne fille unique et héritière de Guillaume de Mollines, deux familles normandes, et celle de son cadet Jean III de Norreys, baron de Bray, dont le fils Roger, mort en 1422, par son mariage avec Anne de la Mer, forma la branche devenue barons de Ricot, vicomtes Thame, comte de Berkshire, pairs d'Angleterre.

PASSERINI ET RILLI

N° **193**. — *Deux volumes de 60 et 52 pages, in-8°, 14 tableaux généalogiques et blasons; Florence 1874.*

SOHIER DE VERMANDOIS

N° **194**. — *Six pages in-folio et blason.*

TASCHER DE LA PAGERIE

N° **195**. — *In-8° de 8 pages, avec tableau généalogique et blason en chromo; Paris, 1869.*

Filiation de la parenté maternelle de la famille de Sanois et Beauharnais.

SCIAMANA

N° **196**. — *Un volume in-8°, de 20 pages et blason.*

TUDOR (Maison souveraine de)

N° **197**.

Guillaume de Norreys épousa Anne Tudor, sœur d'Owen, qui par son mariage avec Catherine de Valois, fut le chef de toute la dynastie régnant sur l'Angleterre. Ce Norreys devint donc beau-frère de la Reyne d'Angleterre, fille du Roy de France Charles VII, et grand oncle du Roy Henri VII d'Angleterre.

Cette famille Tudor descendait des anciens princes souverains de Galles, par la princesse Marguerite, princesse de la Galles du Sud, mère d'Anne et d'Owen, et par leur grand'mère, dernière princesse souveraine de la Galles du Nord.

VIVIAN

N° **198**. — *In-4° de 22 pages et tableaux généalogiques.*

Cette pièce, pour lord Vivian, fait remonter sa famille à l'époque romaine.

VENEL (Henry de)

N° **199**. — *In-8° de 68 pages, avec portrait.*

M. H. Faré, auteur de cette biographie historique, dit, page 5 : « La mémoire de Gaspard de Venel ne s'arrête pas à l'enceinte d'Aix. Il épousa, en 1633, Madeleine de Gaillard-Ventabren, à qui ses rares mérites ont valu une place dans la galerie des illustrations de la Provence ; elle fut à la cour d'Anne d'Autriche et gouvernante des fils de France. »

DE VAUX

N° **200**. — *Deux pages in-4° avec blason.*

La parenté avec cette famille vient de Denis le Moine, baron de Vaux, seigneur du dit lieu, dont la fille, Marie, dame du Mesnil-le-Roy, qu'il eut de son épouse, Elisabeth de Teste de Couperay, épousa Louis, baron de Courcy, chevalier de l'Ordre, gentilhomme de la chambre du Roy, fils de Michel III de Longjumeau et de Louise d'Ailly-Nesle, baronne de Courcy, dame du dit lieu ; que Louis, son troisième fils, eut en partage, en prit le titre et forma une branche de la famille de ce nom, dont, entre autre, le petit-fils, Denis II, baron de Courcy, reçu chevalier de Malte en 1655. Ses frères, officiers au Royal artillerie ; ses sœurs, religieuses à Saint-Nicolas de Compiègne, et aux Ursulines de Montargis.

La mère de Denis II était Catherine, fille de Hugues le Grand, de Saint-Germain, et de Madeleine de Bourlabbé.

D'HOZIER

N° **201**. — Armorial général. — *In-folio, registre 6, pages 4, 7 et 16; Paris,* 1768.

Ce juge d'armes de France tenait en grand honneur une alliance avec les seigneurs de Longjumeau; car on trouve, à ces pages, un certificat dans lequel il est dit que Raimond Viart était apparenté avec plusieurs maisons nobles du Blaisois, « notamment celle de Gaillart, d'où est sortie la maison d'Alluye, et par cette alliance ces messieurs Viart ont l'honneur d'être apparenté à la maison Royale et à la famille régnante de Savoye, car Pernelle, fille de Michel, seigneur de Longjumeau, avait épousé Louis de Ruzé, leur aïeul ».

Cette parenté était bien éloignée ; d'Hozier y attachait cependant, une grande importance, car on conserve aux archives de famille, les minutes des certificats originaux délivrés dans les mêmes conditions de consanguinité royale pour deux autres familles alliées aux Longjumeau. Les mêmes archives renferment le certificat original, corrigé et signé de la main de d'Hozier de Sérigny, le 31 janvier 1782, attestant la descendance de la postérité de Michel, seigneur de Longjumeau, issue du sang royal.

Ces juges d'armes de France ont reçu et certifié bonnes, à de nombreuses reprises, les preuves de noblesse que les membres de la famille avaient à fournir pour les chapitres nobles, les charges royales, les écoles militaires, etc.

Charles d'Hozier, qui hérita de la charge de son père, en 1666, de conseiller du Roy, juge d'armes de France, certifia bonnes par jugement du 19 janvier 1687, des preuves de noblesse qu'il signa sur la présentation de dix-huit documents, au nombre desquels le contrat de mariage de 1512, servant à établir la descendance royale pour les enfants du fils unique issu de cette union.

Ces pièces légalisées, collationnées par notaires, enregistrées sur papier timbré, aux archives du prince Ferdinand.

De même que Denis-Louis d'Hozier reçoit huit documents, sur lesquels il délivre certificats de noblesse, le 19 mars 1772; ces pièces ne remontent pas avant 1624. Avec ces dernières, on retrouve encore les preuves de 1713 et 1777, également des d'Hozier, attestations officielles en faveur de l'ancienne noblesse de la famille, comme celles délivrées par Chérin, de la Croix, etc., entièrement différentes et indépendantes des maintenues de droits et prérogatives, exemptions dont jouissent les gentilshommes, délivrés par les commissaires du Roy délégués aux enquêtes de noblesse, qui se trouvent cités à leur place, ailleurs, et d'un tout autre ordre.

LE HÉRAUT D'ARMES

N° 202. — REVUE ILLUSTRÉE DE LA NOBLESSE. — *Volumes in-4° de 400 à 500 pages, de 1861 à 1869, imprimés en deux colonnes avec un grand nombre de blasons.*

Sous la direction du Vte de Bizemont et de M. V^{or} Bouton.

Volume I, page 378 et suivantes : Dans une généalogie de Balzac, on lit : « Thomas de Balzac, fils de Pierre, seigneur d'Entragues et d'Anne de Mallet de Graville, ne fit pas non plus un mariage ordinaire; sa femme fut Anne, fille de Michel, seigneur de Longjumeau, et de Souveraine d'Angoulême : des gaillards! En effet, etc., etc. »

Il est dit qu'**Honoré de Balzac** portait les armes comme issu de cette union. On peut les retrouver aux Célestins de Marcoussis où se trouve le mausolée d'Anne de Longjumeau et de son époux, avec leurs effigies en marbre noir et blanc. Cette tombe a été reproduite dans la collection Gaignières et autres.

HÉRALDIQUE DE FRANCE (Le Bulletin de la Société)

N° 203. — Revue Historique de la Noblesse. — *Grand in-8° en deux colonnes. 1re année 1879 et suivantes de 8 à 900 pages.*

L'année 1890 de ces volumes, publiés sous la direction de M. Louis de la Roque, la nomenclature la plus complète des chevaliers de Malte, avec leurs costumes.

Aux pages 94, 95 et 291, on trouve **dix-neuf chevaliers** de la famille reçus dans l'Ordre souverain. Les chevaliers du surnom de Bellafaire, au nombre de trois, qui sont classés sous le même nom patronymique, ne sont pas de la famille ; ils portent d'or à trois fasces d'azur au chef de gueules, chargé de trois roses d'argent.

HONGRIE (Auguste de), Prince de Crouy-Chanel.

N° 204. — La noblesse et les titres héréditaires. — *In-8° de 53 pages ; Paris, 1857.*

HISTOIRE CHRONOLOGIQUE DU DERNIER SIÈCLE

N° 205. — *Relié veau du temps ; Paris, 1715.*

A l'année 1704, on trouve notée la mort du cardinal Henry de Norreys.

HISTORICAL SOCIETY OF MASSACHUSETTS

N° 206. — *In-8° de 288 pages relié, année 1799, volume II, réimpression de 1846.*

HAMEL (Ernest)

N° 207. — Des principes de 89 et les titres de Noblesse. — 63 *pages*; *Paris*, 1858.

IMHOFF (Jacobi)

N° 208. — Généalogies des familles illustres de l'Italie. — *In-folio de 342 pages, relié veau de l'époque; Amsterdam*, 1710.

Nombreuses tables généalogiques, blasons, table et armoiries avec casques et lambrequins.

JAURGAIN (Jean de)

N° **209.** — Tablettes Héraldiques. — *In-4° de 184 pages, avec table et répertoire ; Paris,* 1890.

Cet ouvrage, avec dédicace de l'auteur, est rédigé avec une véracité que l'on voudrait trouver dans la conscience d'autres généalogistes. Les notices accompagnées de nombreux tableaux de 8 à 16 quartiers, dressés correctement et dessinés avec une très grande finesse artistique.

N° **210.**

Collection de sept fascicules formant suite au précédent volume et imprimés par le *Triboulet*, donnant une belle reproduction de cachets anciens dus au talent du même auteur, qui signe du pseudonyme « Navarre », une des meilleures plumes héraldiques de l'époque.

JURIEN DE LA GRAVIÈRE (Vice-amiral)

N° **211.** — La guerre de Chypre et la bataille de Lépante. — *Deux volumes,* 262 *pages, avec plusieurs cartes ; Paris,* 1888.

KOCH (M. de), Chevalier du Saint-Empire.

N° 212. — Maisons souveraines du Nord — *In-4° de 25 tables généalogiques; Paris*, 1815.

A la table I, on trouve la filiation de Rollon, premier **duc de Normandie**. Cette généalogie le fait descendre du **prince Norré**, à qui la Norvège doit son nom, comme fondateur et un des premiers souverains du pays.

Yvon, vicomte de Coutance, auquel remonte la filiation non interrompue de la famille, serait le petit-fils de Rollon. Les belles alliances de ses fils, sa parenté reconnue dans les actes du temps avec les ducs de Normandie et de Flandre, sa situation prépondérante, son mariage avec Emme, fille du comte **de Bretagne**, sont là pour soutenir cette descente à côté des actes non interrompus jusqu'à Yvon.

C'est une des trois causes primordiales avec d'autres plus modernes de la naissance du titre de prince dans la famille. Puis l'origine issue des souverains bretons, en ligne féminine, par ce mariage d'Yvon, vicomte de Coutance, comme on le voit dans Pécham, ajoutée à leur rang de baron, suprématie princière au moyen âge, comme il est contrôlé dans P. Leycester, l'abbé Prévot, Desroches, et tous les historiens de la Normandie chevaleresque.

Pour Halton, seul, la première des baronnies, dont le suzerain Guillaume de Norreys, mort en 1134, en fut maître, après son père Nigel, qui la tenait franc par l'épée des 1068, vient un cinquième droit féodal : celui de Tripoli ; une des quatre principautés du royaume de Jérusalem, dont les seigneurs portaient le titre de comte. La maison de Norreys a fourni une dynastie de sept titulaires de ces anciens comtes souverains qui avaient le droit de battre monnaie.

Comme premiers barons ils étaient Pairs, siégeaient aux assises, et présidaient, en l'absence du Roy de Jérusalem. Gouverneurs du royaume de Chypre, ils avaient, par délégation, des droits souverains comme Vice-Roys. Ils avaient déjà été des douze Pairs créés par Guillaume le Conquérant.

Comme premiers barons de Chypre, ils avaient des immunités princières. Princes comme neveux du Roy, issus par plusieurs mariages avec les filles des anciens souverains, ils en étaient aussi les petits-fils en ligne féminine. A ces dix sources princières, par définition d'État, il s'en ajoute d'autres, autant par rang royal, d'une autre descendance et par diplômes souverains traités à leur place.

L'origine étymologique du nom vient, d'un autre côté, donner de l'intérêt à une ascendance qui ferait remonter la famille de Norreys à un des premiers Roys de Norvège, qui s'écrit Norriges. Leur présence en Normandie de pair et en même temps que les premiers ducs; la terre qu'ils occupent prenant leur nom, depuis altéré, en Norré, Norrey, que l'on peut trouver si diversement écrit dans les chartes, reproduites par les auteurs contemporains, serait encore une présomption. Un de leurs premiers fiefs en offre aussi un exemple : la baronnie de Halton appartenant à Guillaume de Norreys, s'écrivait Helltune.

En tout cas, Norreys est un des premiers noms qui se soient fixés héréditairement. En consultant les ouvrages restreints de ce catalogue, sans se lancer dans des recherches savantes d'auteurs spéciaux, on peut voir les nombreuses transformations que ce nom patronymique a suivies comme tous les autres, du reste.

LE LABOUREUR, prieur de Juvigné, aumônier du Roy.

N° **213**. — Mémoires de Castelnau. — *Deux volumes in-folio de plus de* 900 *pages, reliés veau du temps; Paris,* 1659.

Au deuxième volume, il y a une troisième partie de 125 pages de généalogie pour les maisons alliées à celle des **Maréchaux de Castelnau**, avec une multitude de blasons.

Celui des seigneurs de Longjumeau, plusieurs fois reproduit, est écartelé de France, Orléans-Angoulême, comme le donnent les historiens les plus autorisés de l'époque : **Du Chesne, Dubuisson**, le père **Labbe**, etc., etc.

Dans cet ouvrage, la généalogie de la famille est une des plus complètes imprimée à cette époque, celle de du Chesne est restée manuscrite.

Avec de nombreuses lacunes inévitables, il omet deux branches, mais de celles dont il s'occupe, il les traite en détail.

La descendance de Louis, baron de Courcy, qu'il dit ne pas avoir eu d'enfant, réclama (les lettres aux archives); celle de la branche aînée, issue de Nicolas, s'étant jetée dans la réforme, n'intervint pas auprès de l'abbé à cette époque de malheureuses dissensions.

Le mariage des demoiselles de la maison a surtout occupé l'auteur; il suit leur descendance dans de nombreuses maisons, notamment dans la maison royale de Savoye.

Ce degré de parenté, pour laquelle les d'Hozier ont délivré des certificats, non seulement à la famille mais à des alliés.

Pages 7, 8, 22, la phrase est :

« La maison des seigneurs de Longjumeau a donné naissance aux princes grands seigneurs et personnages les plus illustres, tous de la plus illustre parenté. »

Les pages 32, 34, 51, 45, 60, 63, 64-65, 235 donnent à côté des notices, des tableaux entiers de parenté avec les maréchaux de Castelnau. Il cite bien d'autres maréchaux de France ayant une demoiselle de la maison dans leurs 2, 4, 8, ou 16 quartiers de noblesse.

On put nommer les maréchaux de la Châtre, de l'Hôpital, de Vitré, de Noailles, de Saint-Nectaire, de Villeroy, d'Estrées, d'Effiat, de Grancey, etc., etc.

Dans son remarquable travail : **Les seize quartiers de nos Roys**, Le Laboureur donne, aux pages 53, 62, 79, 104, 107, 109, 113, des tableaux avec blasons des barons de Longjumeau, leur alliance directe et descendance dans les plus grandes familles. Il a fait de même dans son ouvrage : **Les tombes des personnes illustres**, où la filiation des familles qui se rattachent à la maison se trouve exposée d'une différente manière.

LEVÊQUE (Alfred), avocat à la Cour impériale de Paris.

N° **214**. — DROIT NOBILIAIRE FRANÇAIS. — *In-8° de 489 pages*; *Paris*, 1866.

Jurisprudence et législation, avec de nombreux jugements sur le résultat de certaines usurpations.

LADVOCAT (L'abbé), docteur en Sorbonne.

N° **215**. — DICTIONNAIRE HISTORIQUE DES PRINCES, ROYS ET PAPES. — *Deux volumes reliés veau du temps*; *Paris*, 1761. — *Trois volumes, édition de 1777, avec d'autres éditions.*

Ces volumes et toutes les éditions contiennent des articles concernant autant les Norreys que les Longjumeau. Volume I : Jean de Norreys, né à Nicosie, d'une des principales familles du pays sorties de

Normandie, fut dépouillé de ses biens par les Turcs, en 1570, et se retira en Italie où il se fit un nom dans les lettres ; suit son éloge avec une liste de ses ouvrages. Dans cet article de 23 lignes, il est regrettable, après avoir dit ce qui vient d'être rapporté, que l'on orthographie son nom Denores quand, dans un autre article à côté, il est écrit de Norres.

Une biographie élogieuse de 75 lignes sur le cardinal Henry de Norreys, fils d'**Alexandre** ; de bons détails sur leurs ouvrages, mais commet la faute répétée étourdiment sur l'origine qui n'est pas irlandaise, mais bien normande comme il est dit dans le même volume.

M. Chaufepié, dans son dictionnaire, le dit descendant de Jacques de Norreys, général qui se distingua contre les Turcs.

Les archives historiques d'Œttinger, comme les Elzévir, ne lui retirent pas la particule, qui se trouve, du reste, aux pièces officielles pour l'autorisation de l'impression de ces ouvrages. Ces permissions avec le « de » se trouvent en tête des neuf volumes de l'édition des Ballerini, de Vérone.

N° 216. — NOTICE SUR L'ÉVÊQUE D'APT.

Il est dit qu'il forma, le premier, le vaste projet du Grand dictionnaire historique, qu'il fit imprimer par son aumônier, Moreri.

La Reyne fit don, par lettre patente de septembre 1646, à la sœur du prince-évêque, du privilège des glacières de Provence, qui appartenaient au domaine, ce qui lui valait 20.000 livres par an. Elle eut une grande part à la rupture de Louis XIV avec Marie Mancini. Le mariage de celle-ci en Italie et celui du Roy en Espagne, elle était dame d'honneur de la reyne, et devint gouvernante de la première fille de Louis XIV, puis des fils de France.

Dans un article de 160 lignes, l'abbé Ladvocat dit que Souverain de Valois se maria, au château d'Amboise, avec Michel, seigneur de Longjumeau, chevalier, pannetier du Roy, et que François Ier **légitima** sa sœur une fois sur le trône.

Quand il parle du capitaine-général des galères, il le dit né le 13 mars 1449 ; présent à la bataille de Montlhéry en 1465, et commandant 100 gentilshommes à la bataille de Nancy. Général des galères, chevalier de l'Ordre en 1498, ayant épousé le 2 juin 1482, Marguerite Bourdin, dame de Puteau, et mourut en son château de Longjumeau, le 2 avril 1522 (cette date est à contrôler).

LA ROQUE (Louis de)

N° 217. — Catalogue des chevaliers de Malte. — *In-4°; Paris, 1890.*

Dix-sept chevaliers de la famille à la première liste, et deux au supplément font un total de **dix-neuf**. Les autres chevaliers classés sous le même nom patronymique, sont d'une autre famille et ont d'autres armes. (Voir n° 59 et 188-VI.)

LA ROQUE (L. de) et BARTHÉLEMY (Édouard de)

N° 218. — Catalogue de la noblesse des colonies. — *In-8° de 87 pages; Paris, 1868.*

Ce travail donne le nom des familles titrées sous l'Empire avec dotation, sous la Restauration et le Gouvernement de Juillet.

LE BLOND (Laurent)

N° 219. — Quartiers généalogiques des illustres familles. — *In-8° avec table; Bruxelles.*

En sous-titre : généalogiste célèbre à Valenciennes. Ne s'occupe que de sa région où l'on retrouve des alliances de parenté dressées par 4 et 8 quartiers.

LANGLET DU FRESNAY (L'abbé)

N° 220. — Chronologie de l'histoire universelle. — *Neuf grandes tables d'un mètre sur papier fort, reliées veau du temps; Paris, 1729.*

LAMATHIÈRE

N° **221**. — Panthéon de la Légion d'honneur. — *Quatre volumes in-4° de plus de 500 pages, en deux colonnes avec quatre tables.*

Quelques milliers de biographies des contemporains membres de l'Ordre.

LAIGUE (A.-L. de)

N° **222**. — Recherches historiques sur la noblesse. — *In-8° de 422 pages; Paris,* 1818.

Vocabulaire du blason, devises, liste de quelques majorats, décrets concernant la Légion d'honneur, depuis 1802 jusqu'en 1816, etc.

DE LARREY, conseiller à la Cour du Roy de Prusse.

N° **223**. — Histoire d'Angleterre. — *Quatre volumes grand in-folio de 900 à 1.000 pages, reliés veau du temps, 15 à 20 portraits dans chaque volume, de 23 sur 37 centimètres avec blasons, médaillons et attributs gravés par les meilleurs artistes du temps, quatre grands frontispices, etc., etc.; Rotterdam,* 1697-1713.

Cet auteur parle de la noblesse innée des membres de la famille de Norreys, leur chevaleresque nature militaire. Chronologiquement, volumes II, pages 353 à 361, année 1536 : Relation du tournoy du 1ᵉʳ mai, Henri de Norreys, gentilhomme du Roy, chef des assaillants, etc., etc., avec les détails du drame qui s'ensuivit. L'auteur dit qu'il fut **billoté**, ayant refusé de racheter sa vie au prix de l'honneur d'une princesse ; l'éloge de sa mort courageuse est faite; elle n'est pas à recopier ici, afin d'éviter, autant que possible, les redites malheureusement inévitables dans un catalogue qui analyse des ouvrages où l'on traite de sujets ayant rapport aux mêmes faits, sur les mêmes personnes. L'important, pour ce cas, est de bien préciser que cet auteur est au nombre de ceux qui connaissent leur histoire et dit : décapité, et que le musicien seul fut pendu comme roturier.

Volume III, page 489 : Le général Jean de Norreys, **généralissime** des troupes de l'expédition du **Portugal de 1589**, avec ses deux frères comme capitaines.

Edouard fut blessé dangereusement et fut sauvé de la main même de son frère Jean ; il était à terre, son cheval tué et son casque s'était détaché.

Cet Edouard, colonel à ce moment, fut gouverneur d'Ostende, de 1593 à 1598 ; il épousa sa cousine et il lui naquit d'elle, en Hollande, trois jumelles.

Page 490 : Les campagnes de Bretagne de 1592, « l'aïeul de ce général était ce généreux chevalier qui mourut pour justifier une Reyne », etc., etc. (Voir les lettres du Roy à Anne Boulen, par Crapelet ; Paris, 1835.)

Pages 519, 543, 544, 567, 569, 614, 615 : Ses cinq frères furent tous grands capitaines, mais lui se rendit plus fameux que les autres, etc.

La Reyne aurait dû avoir plus d'affection pour les descendants d'un chevalier qui avait scellé de son sang la vertu de sa mère. (Voir ailleurs la faiblesse de cette ingrate souveraine, menée par de basses intrigues de Cour.)

M. de Larrey dit : « Le général mourut subitement de chagrin ? De son injustice ! Cette mort violente est à rapprocher de celle, pour une autre cause, de son neveu, François de Norreys, plus connu sous le titre de **comte de Berkshire** comme pair du royaume. Ce gentilhomme se suicida aussi, et cela en se tirant trois coups d'arquebuse dans le cou.

Sa mère, Elisabeth, s'était remariée à Henry, baron Clinton, comte de Lincoln ; il avait épousé Brigitte de Vere, fille d'Édouard XVII, **comte d'Oxford**. Guillaume III de Norreys avait épousé Jeanne, fille du XII⁰ comte.

Il mourut des suites de ses blessures, le mercredi 16 février 1622 ; le général le 3 juillet 1597. Par ordre, il fut défendu d'indiquer le genre de mort, et d'attribuer une autre cause aux décès.

Ce gentilhomme n'avait pas les champs de bataille comme exutoire de son ardente intempestivité ; le sang bouillonnant de sa race se porta contre lui-même, après de nombreux combats singuliers.

Son duel de 1615, en champ clos du cimetière d'une église, est resté légendaire. Il blessa grièvement son adversaire, lord Willoughby de Eresby, et tua son second. On sait qu'à cette époque un second n'était pas le témoin platonique de nos jours ; il prenait part à la rencontre. Les lettres de 1615, de Carew à T. Rœ, ambassadeur à la cour du grand Mongol, avec d'autres de l'époque, relatent la gravité de cette rencontre.

(Il est curieux de constater que Guillaume de Norreys fut, de 1698 à 1701, ambassadeur à cette même cour du **grand Mongol**.)

On peut encore trouver une preuve curieuse des coutumes de ce temps dans le duel de son oncle, le colonel Édouard de Norreys ; ses lettres de défi au **comte de Hohenlohe** sont conservées. La première, de Norreys, est de novembre 1586 et commence :

« Cartel par forme de défiance à M. le comte de Holloc.

« Je vous semonce partant ici de l'honorable satisfaction de me faire avec les armes que portons, l'épée et la dague, seule à seule en campagne, à laquelle ne devais faillir, tant pour l'honneur que vous fairez à vous-même, que aussi pour la satisfaction que vous me fairez, etc., etc.

« Celui que vous avez faict estre votre ennemy. »

Dans la réponse, signée de Philip de Holoc, on lit :

« Je m'esbahy que présentement en ma faiblesse et indisposition vous demandez telle chose de moi, etc., etc. »

Le colonel répond :

« Acceptant votre offre, j'attendray votre meilleure disposition, a tant me tenant fort satisfaict de votre honorable promesse, priray Dieu vous rendre le plus tost qui ce pourra vostre santé accoutumée — ce dit — vous extrêmement injurié.

« *Signé* : Norreys. »

M. de Hœnlow (le nom est écrit Holoc) avait d'abord pretexté qu'il ne pouvait se battre avec un simple capitaine, mais devant les preuves de noblesse du gentilhomme, il fut forcé de passer outre, après avoir atermoyé ensuite comme malade.

Le duel eut enfin lieu, et Norreys ouvrit du haut en bas la figure de Hœnlow, en lui fendant le nez d'un seul et premier coup porté de son épée. Cette rencontre avait été provoquée et envenimée par les basses intrigues du comte de Leicester.

Dans les comptes rendus de l'Académie royale des sciences de Belgique, on parle de ce **défi de Norreys** à Hœnlow. Dans ces documents, le nom de Hoenlohe, qui était primitivement Holoch, est écrit des différentes manières que l'on voit.

Pour en revenir à M. de Larrey, il dit que le titre de comte de Berkshire passa dans la maison de Howard, cette branche étant éteinte, mais pas toute la famille comme il semble le croire.

François de Norreys menait un train royal dans son château de Rycot. Sa grand'mère, la comtesse de Bedford, lui avait laissé sa fortune, la sienne étant déjà une des plus belles.

Les chagrins que lui occasionnait sa femme, furent pour beaucoup dans les désordres de sa vie.

Le 30 octobre 1608, il passait des actes pour déshériter la fille qu'il avait eue d'elle.

Son grand-père, Henry II, baron de Rycot, était mort le 28 juin 1601. Des obsèques solennelles lui furent faites le 5 août, à Rycot.

Une lettre conservée aux archives, du 19 octobre 1600, dit : « La santé du vieux baron décroît ; cependant n'abandonnant pas sa belle énergie, il est dehors, à cheval, le matin, avant que nul autre homme ne soit sur pied, etc., etc. »

LETI

N° 224. — La vie d'Élisabeth, reyne d'Angleterre. — *Deux volumes de 510 et 554 pages, reliés veau du temps, nombreux portraits avec blasons; Amsterdam, 1704.*

Autre édition, traduite de l'italien, 1703, avec troisième volume de 136 pages, reliés ensemble, traduction de l'anglais de **Robert Naunton**, *intitulée* : Le véritable caractère d'Élisabeth et de ses favoris.

Pages 112 à 120 : le tournoi de 1536, comme partout, le premier gentilhomme de la Chambre du Roy, Henri de Norreys, est l'objet d'éloges sans restrictions; malheureusement, cet auteur si bien renseigné sur les prérogatives d'un gentilhomme, tombe dans l'erreur de la pendaison. Il a été prouvé que c'était faux, inutile de revenir sur cette question.

La troisième partie, des pages 66 à 69 et 97 à 111, met à jour les intrigues contre la famille, qui fut victime de basses jalousies.

Ces gentilshommes étaient militaires dans l'âme, dédaignant « la luxure des villes pour le péril des camps », dit l'auteur. La belle conduite de Jean de Norreys, élevé par Coligny, et la valeur de ses cinq frères, font l'objet de belles remarques. « Le renom de ce grand capitaine, guerrier intrépide en France, en Hollande, Portugal, etc., faisait pâlir les courtisans comme Leicester, Knowels, et Essex, qui, en toutes les occasions, renversèrent les projets de ce grand homme » (page 69).

Cette narration expose clairement les prétentions de courtisans ambitieux comme Leicester, auquel on donne les sobriquets les moins flatteurs, dans les noirs portraits que l'on fait de lui, ailleurs surnommé : « au cœur encore plus noir que la peau ». L'éclat de la renommée de ce grand capitaine obscurcissait ces âmes basses : leur ambition fit tout contre son accroissement, jusqu'à lui procurer une fin « fatale »; ce détail final est à retenir de cet auteur.

On conserve des lettres de la Reyne, des plus affectueuses, à la baronne Marguerite de Norreys, où semble percer le remords, notamment dans celle de condoléances, du 6 septembre 1599, sur la mort du capitaine Thomas. La Souveraine en avait écrit d'autres de décembre 1579, sur la mort de Guillaume de Norreys, maréchal de Berwick, puis le 22 septembre 1597, sur la perte successive de ses autres fils.

Cette **reyne Phénix** sentait, malgré tout, ce qu'il y avait de lâche dans sa conduite.

Aux pages 123, 291, 441, etc., etc., on donne les événements de 1585 à 1599, où le général Jean de Norreys et ses cinq frères jouèrent un rôle, dont le compte rendu est au grand honneur des Norreys.

Il est à remarquer ici combien il serait absurde de suivre les différents auteurs, dans leurs transformations du nom de la famille; pour cet ouvrage seul, on trouve Norich, Notteis, Norritch, Norris, et cela incontestablement pour les mêmes membres de la famille.

LABAUME (Eugène)

N° 225. — HISTOIRE ABRÉGÉE DE LA RÉPUBLIQUE DE VENISE. — *Deux volumes in-8° de 293 et 442 pages, reliés; Paris*, 1811.

LE LIÈVRE (Jean), chanoine de Saint-Ferréol.

N° 226. — Histoire de l'antiquité de la Cité de Vienne (France). — *Petit in-8° de 523 pages, relié parchemin de l'époque*, 1623.

Page 404 : Pontificat de Jean de Norry, 86° archevêque de Vienne en 1437. Sa sœur Anne, en 1450 alla, pieds nus en pèlerinage à Rome au grand jubilé. Cette famille, quoique ayant une fasce d'azur en divise sur les armes primitives, n'a aucune preuve de jonction.

LIGNARD (traduction du chevalier de Roujon)

N° 227. — Histoire d'Angleterre. — *Douze volumes in-8° reliés*; *Paris*, 1826.

On se trompe, volume VI, page 284. Il y avait peut-être deux valets de chambre au mariage du Roy, mais la façon de scander la phrase ferait croire que c'était Henry de Norreys, chevalier, premier écuyer du Roy, gentilhomme et son favori, qui remplissait des fonctions qui n'étaient pas les siennes.

L'auteur se rattrape en traduisant correctement, page 465, où on dit : Norreys fut **décapité** à cause de son rang; Smeaton, seul, fut pendu. (Voir n°ˢ 3, 5, 9.)

LOPACINSKI (Le comte Boleslas)

N° 228. — Titres princiers du Saint-Empire. — *Petit in-8° de 39 pages*; *Paris*, 1896.

Cette liste, à terminer, est précédée d'un historique sur l'origine de cette dignité. Bonne étude de savant généalogiste, à consulter dans ses divers travaux, qu'il signe quelquefois « duc Job », dans diverses publications.

LE VER (Le marquis), colonel de l'armée de Condé.

N° 229. — Catalogue de sa bibliothèque. — *In-8° de 354 pages, avec plusieurs tables de classification des 2.773 ouvrages vendus en novembre 1866.*

Cette collection, du plus grand intérêt, d'un des fondateurs de la Société des antiquaires de Normandie, renfermait des manuscrits nombreux sur la famille, ainsi qu'une grande section héraldique, rédigé par M. Travers, archiviste-paléographe.

Il est regrettable de voir disperser au vent, sous le marteau des enchères, une collection qui, dans son ensemble, était un trésor à conserver pour le fonds d'une bibliothèque, à continuer par la réunion d'autres ouvrages historiques semblables à y ajouter.

LA CHENAYE-DESBOIS

N° 230. — Dictionnaire de la noblesse de 1757. — *In-4°, troisième édition, réimpression Schlessinger ; Paris, 1868.*

A la lettre G, cette réunion d'articles, émanant de personnes diverses, donne une généalogie de la maison : elle est faussée ; la famille issue de Denis ne descend pas de l'alliance royale. Sans entrer dans tous les détails exposés par documents originaux aux archives, propriété du prince Ferdinand, de la branche aînée, seule issue du fils unique de Michel II de Gaillart, chevalier **baron de Longjumeau**, seigneur du dit lieu et d'autres fiefs, et de la princesse **Souveraine de Valois, légitimée de France.**

Il suffit de produire la pièce suivante pour remettre ce Denis, qui ne fut jamais seigneur de Longjumeau, à sa véritable place :

1° Du mardi 9 février 1534, copie collationnée à l'original, le 22 janvier 1681.

Donation du 9 février 1534, par noble homme Denis Gailhard (*sic*), escuyer, conseiller et maître d'Hôtel du Roy, à noble homme et sage maistre Gilles Gailhard, licentié es loix, advocat au parlement, son fils émencipé, de tous les droits venant de demoiselle Marguerite Bourdin, mère du donateur Denis, sur sa terre et seigneurie de Puteau.

2° Contrat de mariage du susdit Gilles, daté du 23 octobre 1530.

Il n'est pas besoin de produire d'innombrables documents originaux que nous avons en main pour dévoiler la supercherie de l'arboriculteur qui fait si maladroitement des greffes sur un vieil arbre généalogique.

Il convient cependant d'ajouter que la date (1512) incontestable du mariage de Souveraine est dans l'histoire. Elle eut un fils, nommé Michel, qui hérita du fief patronymique de Longjumeau dont il fit hommage au Roy, comme héritier.

En mettant la naissance de ce Denis au mieux, et pour complaire à ceux de La Chenaye, reculons la naissance d'une fille, la date de son mariage est là, comme preuve, cependant.

Or, ce Denis ne pourrait être né qu'en 1515; il aurait donc eu dix-neuf ans en 1534!.... Bien jeune pour avoir un fils marié? recevant les domaines de sa grand'mère, décédée en 1501, comme il est prouvé par son épitaphe existante encore de nos jours. Les dates qui sont dans l'histoire et sur les pierres tumulaires sont incontestables; les généalogistes qui truquent pour attacher une branche ont toujours leurs supercheries dévoilées dans la suite.

Pour clore : Toute cette famille descend de Denis, qui n'est jamais sorti des seigneurs de Longjumeau, issus du sang royal.

Inutile d'insister sur d'autres dates altérées de cette compilation et, en tout cas, cet ouvrage ne fait pas foi, pas plus que d'autres recueils qui impriment, sans contrôle, des notices envoyées par les intéressés, souvent à tant la ligne.

Les vieilles familles de la véritable noblesse ont leur filiation autrement établie, ce n'est pas un publiciste moderne qui dresse ce que l'on appelle quelquefois un **arbre**, affirmant bénévolement des faits qu'il ignore, qui peut altérer la vérité.

Ce sont des auteurs inconnus des familles, historiens impartiaux désintéressés, archéologues et savants chercheurs de toutes sortes, qui établissent la situation d'une maison sur monuments contemporains des faits, irréfutables preuves ajoutées aux documents des dépôts d'Etat et des archives de famille.

N° **231**. — Dictionnaire généalogique, héraldique et historique. — *Petit in-8° de 6 à 700 pages, relié veau du temps, première édition*; *Paris*, 1757, *aux initiales de La Chenay-Desbois.*

Le volume II, page 159, ne donne que le blason des armoiries pour les branches des seigneurs de Longjumeau et du Fayet de la même famille. La branche du Fayet est celle de Picardie, formée en premier lieu par le frère cadet de Nicolas et qui a eu d'autres seigneuries que le Fayet près de Compiègne, acte de foi et hommage au Roy, 5 mars 1538, et 6 août 1549, vendu en 1649, sur laquelle était assise la dot de Claude de La Fayette, selon l'abbé Le Beuf. Elle a porté les noms de diverses terres : d'Armancourt, mouvant du comté de Clermont, acte de foi et hommage au Roy François Ier et Henry II, de Raucourt, de Tully d'Erondelle, Ramburelles, de la Rodderie, Blancourt, Bethencourt, etc., etc.

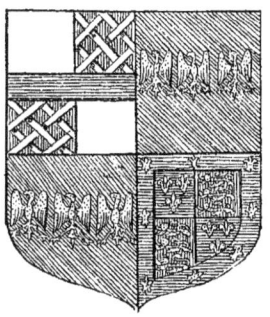

MAS-LATRIE (Le comte Louis de)

N° 232. — L'Ile de Chypre au moyen age. — In-8° de 430 pages avec carte ; Paris, 1879.

Il est question de la famille aux pages 267, 268, 285, 340, 341, 363, 382, 408, 409, 412, 414, 415, etc., etc.

On trouve les faits d'armes de 1361, à la louange du général Jacques de Norreys, **grand Turcoplier**, commandant en chef à Satalie, de même que le relevé des inscriptions du moyen âge, avec plusieurs dalles tumulaires, sur lesquelles on reconnaît les armes de Norreys portées aux Croisades, avec l'effigie de ces chevaliers.

Une de 1255, différente des autres par son importance ; c'est un tombeau sur lequel une grande dalle de marbre blanc représente, en haut-relief, les effigies d'un chevalier et d'une dame. Au-dessus de la tête de chacun des défunts on reconnaît deux couronnes ; à côté, l'écu des armes de Norreys et de Jérusalem. Ce monument remarquable par sa beauté, dit M. de Mas-Latrie, est celui d'un seigneur de Norreys, marié à une princesse royale de la maison de Lusignan, rois de Chypre, de Jérusalem et d'Arménie.

Le savant archéologue en retrouve encore une qu'il décrit ; elle est de 1369, il y est écrit : « Ci-gît noble chevalier Loys de Norreys, qui trépassa le XII octobre. Que Dieu ait l'âme de lui. »

Elle a aussi un écu aux armes de la famille, qu'il dit être une des plus élevées de l'époque, par ses grandes charges, ses alliances royales et sa noble origine.

Il ajoute que les descendants de la famille passèrent en Italie, où ils se firent un nom dans les lettres.

Après avoir parlé d'autres tombes, il est dit qu'avec la fortune royale, celle des Norreys était une des premières et donne quelques emplacements de leurs fiefs de chevalerie.

Cet historien, dans un rapport au ministre de l'Instruction publique daté de Nicosie du 19 janvier 1846, ainsi que dans ses articles de 1850 dans les Archives des missions scientifiques, dit que ces tombes fourniraient des monuments à l'archéologie héraldique et généalogique. Quelle belle galerie à faire sur la véritable noblesse chevaleresque, aussi incontestable.

Mis en vue ces monuments irréfutables seraient bien supérieurs à toutes autres pièces.

Ce musée de la noblesse du moyen âge aurait une autre importance qu'une salle coloriée de Versailles. Sur les pierres tombales des barons français, morts en Terre Sainte, avec leurs effigies en armure du temps, on édifierait pour la nôtre la véritable histoire des familles féodales. (Voir n° 118.)

N° 233. — LE MAGASIN PITTORESQUE. — XVe année, 1847, avec illustrations.

M. de Mas-Latrie donne, aux pages 145, 219 à 221, 224 et 410, un rapport sur les tombes et ajoute que celles des Norreys appartiennent à une famille des premières de la noblesse descendant des **conquérants Normands**.

Ces articles datent de sa première mission en Chypre ; ces pages, sauf les illustrations, se retrouvent dans ses ouvrages publiés depuis.

N° 234. — FRAGMENT DE L'HISTOIRE DE CHYPRE. — In-$8°$; Paris, 1855.

M. de Mas-Latrie est celui auquel Chypre doit le plus pour son histoire ; le seul, au nombre des savants modernes qui ait réuni, pour les mettre à jour, toutes les vieilles chroniques, si intéressantes, de **l'ancienne domination normande** de cette terre couverte de descendants de Français. Elle était presque oubliée quand, par ses travaux personnels, il a ajouté de nombreuses pages à son histoire.

Et, comme le dit M. Gaudry dans la *Revue des Deux Mondes* de 1861, cette terre d'Orient où l'on retrouve des filles aux yeux bleus et aux cheveux blonds sur les épaules, vestiges des anciens Normands ;

M. Vivien de Saint-Martin, dans son Dictionnaire de géographie, fait aussi remarquer que ce sont les restes d'une ancienne race normande du temps des Croisades.

Chypre eut aussi son **Olympe**, que les Grecs appellent le Canton des Mille fleurs, et que l'on peut comparer aux sites les plus pittoresques du Tyrol.

Guy de Lusignan partagea, avec les chevaliers venus avec lui, les domaines de l'Ile en 1190. Il s'en trouvait dans les monts de l'Olympe, au nombre desquels le fief de Marethasse, qui échut à Laurent du Plessis, dont la petite-fille épousa Baudouin II de Norreys; elle eut ces domaines en dot, ce qui augmenta les possessions des Norreys dans l'Olympe, en ayant déjà eu en partage.

Vénus, née en Chypre, y eut son temple ; il se trouvait dans un des domaines échus aux Norreys, seigneurs de **Paphos** et de **Piscopio**, où, dit-on, Vénus cueillit ces trois belles oranges qui tentèrent Atalante si heureusement pour Hippomène. (Page 15.)

Ces fiefs étaient la dot de la princesse Cives de Norreys, par acte du 25 septembre 1468, fille de Louis, maréchal du royaume; elle épousa par contrainte Nicolas, vicomte de Nicosie, d'une famille de parvenu, et en mourut de chagrin quelques jours après.

Puisque Vénus a été citée, ont doit ajouter que le Comté de Tripoli, aux Norreys, était traversé par l'**Adonis**, qui coule aux pieds du château féodal de la famille, mais ses eaux ne sont plus rougies du sang du favori de Vénus.

N° 235. — Grande carte de Chypre. — *Sur toile avec une autre plus petite.*

M. de Mas-Latrie dit que sur la carte, beaucoup de noms ont changé, et plus de cent villages ont entièrement disparu depuis la domination turque, cela en accord avec un ouvrage à lire sur la richesse des anciens domaines de l'Ile, par M. Hamilton-Lang, de 1879 ; malgré cela, on retrouve l'emplacement d'une quarantaine de domaines, fiefs des Norreys, inscrits aux anciens cadastres, cités ailleurs, du plus grand intérêt pour la puissance de leur domination territoriale au moyen âge.

Dans le rôle de la montre des grands feudataires du 28 juin 1544, publié dans les Documents officiels sur l'histoire de France, on trouve

Louis de Norreys, chevalier, seigneur d'Aschia (ce bailliage avait quatre châteaux forts), Comte de Tripoli (ce Comté avait quatre évêchés et dix-sept baronnies, quatre-vingt-quatorze fiefs et dix monastères). (Voir M. Rey).

M. de Mas-Latrie, dans son Trésor de Chronologie, donne la succession des comtes titulaires de Tripoli de la maison de Norreys, mais c'est surtout dans sa grande *Histoire de Chypre*, en trois volumes in-4°, publiée en 1861, que ce savant s'occupe de la famille, qui, à part ses grands biens, était la première de la noblesse Franque ajoute-t-il, de même que M. Rey, de l'Institut, dans tous ses ouvrages historiques sur la contrée.

Leur revenu territorial était en première ligne après le domaine royal. On retrouve ce fragment de compte :

Messire Pierre de Norreys avait. . .	800	ducats de revenus en terre.
Messire Jean	400	— —
Messire Baudouin.	300	— —
Messire Hector	600	— —
Messire Jean	400	— —
Héritiers de messire Sanson.	800	— —
Héritiers de messire Jacques	100	— —

Le fils unique de la princesse Eschines de Norreys, petit-neveu du Roy Jean et de **Charlotte de Bourbon**, avait la Seigneurie de Lapithos, la plus belle du royaume, et plus peuplée que **Famagouste**.

M. Vivien de Saint-Martin, et la curieuse relation d'un voyage en Chypre de deux religieux, publiée en 1627, sont instructifs sur les richesses de l'île de Chypre.

M. de Mas-Latrie donne l'extrait de nombreuses chartes, où des chevaliers de la famille comparaissent. « Nobilibus viris Domino Bolduyno de Norreys » prend part à l'acte du 16 février 1329, entre le Roy Hugues IV et le Doge de Gênes.

Il est témoin dans l'acte du 14 janvier 1330, de la ratification du mariage entre Guy de Lusignan et **Marie de Bourbon**.

Il intervient encore, avec sa qualité de maréchal, dans l'acte du 31 janvier qui assigne un douaire de 5.000 florins à cette princesse.

Jacques de Norreys, grand Turcoplier, signe, le 19 mai 1368, des actes se rapportant également à Marie de Bourbon.

Il est à Rome avec le Roy Pierre, où il signe plusieurs transactions avec le pape, le Doge de Gênes et la paix avec l'Egypte.

Ce capitaine fut un des barons les plus notables de son temps ; ce fut lui qui prit Satalie. MM. Beauveau de Manouville et de Brèves, dans la relation de leur voyage en Terre Sainte, publiée à Paris, en 1616, parlent de l'assaut de cette ville réputée imprenable. Après un long siège, la place fut prise, ce dernier combat livré le samedi de Pâques, 13 avril 1363.

Dans l'*Histoire des croisades*, publiée par l'Académie des belles-lettres à l'Imprimerie Impériale en 1869, pages 712, 799, on trouve à la table des noms historiques du xiie siècle celui de Norreys.

Il est fait mention à la date du 12 décembre 1360 de **Jacques de Norreys** ayant sous ses ordres quatre galères fournies par le **grand maître de Rhodes**, et commandées par **Jean de Forbin**. Ces auteurs ajoutent que le souvenir de la suprématie de la maison de Norreys était encore existant. A la Bibliothèque Nationale, anciens fonds Français, La Valière, on trouve des pièces sur l'importance des fonctions de ce baron féodal.

Ce capitaine, un des plus vaillants guerriers, reste des croisades, fut un des premiers nommé chevalier de l'Ordre de l'Épée en 1363.

La charge de grand Turcoplier était la plus grande dignité des armées chrétiennes d'Orient.

Il y eut deux autres généraux de ce prénom : Jacques II de Norreys, premier baron de Chypre et comte de Tripoli, nommé dans les lettres du grand maître de Rhodes, le 8 novembre 1463, et Jacques III, également premier baron du royaume, de même comte titulaire de Tripoli, général, qui fut tué sur la brèche en défendant Nicosie en 1571. Cette mort glorieuse le sauva du supplice de l'autre général, qui, s'étant rendu sur la foi du serment, fut écorché vif par les Turcs. On peut voir sa peau à Venise.

Les atrocités des musulmans furent terribles pour les puissants du royaume. Jacques de Norreys avec trois de ses frères, eut deux de ses fils tués à ses côtés. Et quand la ville fut prise on s'empara de son épouse et de ses filles, qui furent embarquées et submergées en mer, en vengeance de l'héroïque résistance. L'Encyclopédie Lamirault, Élisée Reclus et d'autres, rendent compte de ces faits. Sa petite-fille, Adrienne de Norreys, épousa successivement Lucas, fils de Louis Cornaro, puis veuve, Frédéric Cornaro, fils de Gabriel de la famille devenue royale de Chypre. **Catherine Cornaro**, cousine de l'un des maris d'Adrienne de Norreys, et nièce de l'autre, fut la dix-huitième et dernière souveraine de Chypre ; elle régna de 1475 à 1489. Elle était veuve du Roy usurpateur Jacques, fils bâtard du Roy Jean III. Le bâtard fut assassiné en 1473, laissant un fils légitime, mineur, qu régna sous la tutelle de sa mère, de 1473 à 1475. La famille Cornano donna des **Doges** à la sérénissime république de Venise dès 1365.

MAS-LATRIE (René de)

N° 236. — CHRONIQUES DE FLORIO BUSTRON. — *Un volume in-4° de 529 pages, 1886, imprimé à l'Imprimerie Nationale dans la collection des documents relatifs à l'histoire de France.*

Ces anciennes relations de contemporains, mises à jour par des savants comme ces messieurs de Mas-Latrie, sont plus précieuses pour l'histoire d'une famille que toutes les généalogies.

Comme le manuscrit grec de la bibliothèque **de Saint-Marc**, écrit vers 1350, par Léonce Macheras, qui a été traduit par l'École des Langues orientales, rue de Lille, Paris, celui de François Attar, écrit vers 1540, qui commence : « Contado de Tripoli, del illustrissimo Signor, Magnifico Messer Jovanni de Norreys, » avec la chronologie sacrée, imprimée à Paris en 1664, par le père P. Labbe, qui établissent les titres et la suprématie des Norreys dans la féodalité.

Mas-Latrie dit que les Archives Contarini sont à consulter sur la famille. On doit ajouter :

1° Les **Archives royales de France** où l'on trouve, registre 1365 :

Du 13 janvier 1330, l'assignation du douaire de **Marie de Bourbon**, signée Baudouin de Norreys ;

Le 14 janvier de la même année, au nom du Roy, par le même chevalier, autre acte, même sujet ;

Puis le 20 mars 1368. Nostrum Nobiliem Virum, Jacques de Norreys en signe à Rome.

2° Aux **Archives de Malte** :

Du 8 novembre 1463, pièces relatives au seigneur Jacques de Norreys, chevalier.

3° Aux **Archives de Rhodes,** le 3 mars 1468 :

Le Sire Sanson de Norreys, chevalier, signe des pièces réglant les dettes du Roy Jacques de Chypre.

4° Aux **Archives de Venise** :

Du 19 mai 1368, Jacques de Norreys négocie le traité de paix avec l'Egypte ;

Du 19 septembre 1489, délibération en faveur d'une pension de **800 besants** d'or pour Pierre de Norreys ;

Du 26 avril 1468, le Conseil des Dix vote une pension de **1.545 besants** d'or au Sire Galtier de Norreys, « jadis des premiers du royaume de Chypre et de Jérusalem ».

M. de Mas-Latrie dit, avec de nombreux autres historiens sérieux qui n'ont rien de commun avec les personnes que Michaud a recueillies pour former ses biographies, que ce gentilhomme était un des plus fiers caractères de son époque. Il se montra d'une fermeté et d'un dévouement admirable pour la Reyne Charlotte, quand elle se réfugia en Savoie. Il refusa de violer le serment qu'il lui avait fait, et ses domaines patrimoniaux lui furent confisqués par l'usurpateur Jacques le bâtard. C'était une des plus belles fortunes territoriales du royaume, la première après celles des Roys. (N°s 4, 87, 105.)

La maison de Savoye ne fit rien, mais, ajoute l'auteur avec Giblet et d'autres historiens du moyen âge « *La fe di Ser Norreys* », était devenue un proverbe.

5° Aux **Archives de Turin** :

Du 16 février 1329, traité entre le Roy de Chypre et la république de Gênes, signé Baudouin de Norreys, qualifié « **Maréchal** et **Nobilibus viris Domino** ».

Des 17 septembre et 16 novembre 1433, rapport des ambassadeurs de Savoie sur leur entrevue à Nicosie avec Baudouin de Norreys, au nom du Roy.

Ainsi qu'en 1432, ce même chevalier intervient, le 13 janvier 1433, dans le contrat de mariage d'Anne de Lusignan sœur du Roy Jean II, avec le comte de Genève, fils du duc de Savoie.

6° Aux **Archives de Gênes** :

Du 11 juin 1382, contrat de mariage devant le Doge, de Nobilis juvenis Janotus de Norreys, Cyprus Natus quondam egregie Militis Domini Jacobi de Norreys (grand turcoplier, capitaine de Satalie, ambassadeur à Rome et en Egypte, gouverneur du royaume de Chypre, chevalier de l'Ordre de l'Épée (son nom est inscrit à la table des noms historiques des familles descendant des chevaliers croisés, publiée par l'Académie Française des inscriptions et belles lettres. Ce fils Jean était unique ; il mourut en 1401. A la prise, en 1374, de Famagouste, il fut **Otage** avec Jacques de Lusignan, devenu en 1382, douzième Roy de Chypre, de Jérusalem et d'Arménie, mort en 1398, et qui avait épousé **Agnès de Bavière**.

Du 19 juin, le notaire Antoine Credence ajoute à l'acte une pièce relative aux intérêts des époux.

La mariée était Andreola, fille de l'**amiral Pierre de Frégose**, frère du Doge Dominique ; sa mère était une **Doria**. Cette famille des Frégose a des attaches en France : César de Frégose fut naturalisé en 1536, et ambassadeur du **Roy François I**er, chevalier de l'Ordre ; Octavien de Frégose fut chevalier de Saint-Michel en 1515.

La famille a fourni huit Doges, de 1370 à 1513.

Cette **Andreola**, qui épousait Jean de Norreys, avait une sœur, **Pomella**, qui épousait en même temps, **Jean Grimaldi**, mort en 1454, fils de Reynier III et d'**Isabelle d'Assinare**. De cette union sont sortis tous les **seigneurs de Monaco**, devenus princes en 1641. Les enfants Norreys et Grimaldi, issus de ces deux mariages étaient donc cousins germains. La sœur de Jean, Marguerite de Norreys, avait la plus grosse dot du royaume ; après avoir été fiancée au Roy Pierre II, qu'elle devait épouser en 1372, elle préféra épouser un simple gentilhomme.

Aux mêmes Archives, des pièces pour B. de Norreys, qualifié **Maréchal de Jérusalem**.

7° **Les fonds Français** de la bibliothèque royale des **manuscrits de Munich**, renferment la liste des chevaliers Otages en 1374. On y trouve le Sire Baudouin de Norreys et Jean, fils de Jacques de Norreys, grand Turcoplier de Chypre, tous deux pris comme des plus puissants, avec le fils du Roy.

8° La bibliothèque de l'**École des Chartes** donne le contrat de mariage du 5 octobre 1315, d'Isabelle d'Ybelin, fille de Philippe, oncle du Roy et du prince **Ferdinand de Majorque**, fils du Roy, contrat signé par Louis de Norreys.

Dans ces nombreuses pièces du moyen âge, le nom est diversement écrit, souvent la faute d'un scribe, mais les qualificatifs de Noble,

Messire avec les grades, dignités et honneurs ne sont jamais omis de même que le préfixe chevaleresque **de Sire**.

La particule « de » ne se trouve retranchée que dans quelques pièces plus modernes, mais pour reparaître dans toute continuité de suite d'actes qui n'ont pas à souffrir de quelques faits isolés.

MAILLY (Ludovico della Spina de)

N° 237. — GRANDE CARTE HISTORIQUE GÉOGRAPHIQUE ET HÉRALDIQUE DE GÊNES. — *Imprimée à Cologne en 1699, de 2^m,40 de long sur 1^m,10 de haut, collée sur toile, coupée et repliée en 40 feuilles in-4°, reliée dans un étui.*

Le double et quadruple encadrement de ce travail est une bordure de plus de 200 blasons gravés des familles de la Riviera; on y trouve celui de Frégose, doges et amiraux de Gênes, dont deux demoiselles sœurs, épousèrent l'un un Norreys en 1382, l'autre un Grimaldi.

MAIGNE (W.)

N° 238. — DICTIONNAIRE DES ORDRES DE CHEVALERIE. — *Petit in-8° de 237 pages, les croix gravées et planche coloriée des rubans.*

MAGNY (Vicomte Ludovic de)

N° 239. — ARMORIAL DES PRINCES, DUCS ET COMTES ROMAINS. — *In-8° de 93 pages avec table; 1890.*

Avec dédicace de l'auteur. Cette recherche remonte à 1815, et donne tous les titres concédés depuis cette époque avec ceux du Comtat-Venaissin, le blason des familles accompagné d'une notice historique.

N° 240. — Armorial de la France. — *In-8°, de 155 pages, 8 planches de 12 blasons chaque, d'autres dans le texte; Paris,* 1874.

A la planche III, le blason de Norreys est mal donné. La fasce d'azur est une divise sur le tout, et non sur le quartier de gueules au fret d'or. Les six courtes notices sans fautes pour les alliances. (Pages 11, 12 et 13.)

N° **241**.

Même ouvrage pour 1878, de 135 pages, avec nombreux blasons d'une quantité de familles avec table.

N° **242**. — Nobiliaire universel. — *Première année, 312 pages in-4°, 5 grandes planches blasons en chromo, de nombreux en noir; Paris,* 1854 *et suivantes.*

MAGNY (Le Marquis Claude Drigon de)

N° **243**. — Des usurpations de noms et titres. — 160 *pages,* 3ᵉ *édition; Paris,* 1869.

Jurisprudence nobiliaire, etc., etc.

N° **244**. — La science des armoiries. — *In-folio de* 400 *pages, avec tables, la répartition géométrique de l'écu, blason des armoiries; un des ouvrages les plus complets.*

MAGNY (Le comte Edouard de)

N° **245**. — Nobiliaire de Normandie. — *Grand in-4°, 684 et 280 pages avec table; chez l'auteur, rue de Lille.*

Blasons et liste chronologique des anoblissements avec notices historiques sur les familles de la province.

MORERI, aumônier du prince-évêque d'Apt.

N° **246**. — Grand dictionnaire historique. — *Première édition, 1674, grand in-folio de 1.346 pages relié veau du temps, imprimé à Lyon chez Audran; frontispice gravé aux armes de Longjumeau territoriales sous le chapeau de l'évêque.*

L'épître dédicatoire de sept pages, de l'abbé à son évêque, indique clairement la part de celui-ci à l'ouvrage. (Michaud, édition 1856.)

Mais, à ce sujet, on doit consulter les nombreuses biographies des deux ecclésiastiques pour être édifié à cet égard. Un grand nombre d'ouvrages de ce catalogue prouvent que c'est l'évêque, seul, qui composa le dictionnaire; son aumônier, Louis Moreri, né en 1634, mort en 1695, n'avait que trente ans quand le prince d'Apt lui confia les travaux qu'il avait réunis pour en surveiller l'impression à Lyon. (N° 7.)

De nombreuses éditions ont circulé depuis, auxquelles le prince-évêque n'a pris aucune part de collaboration, pas plus que son aumônier, surtout quand il s'agit de ce qui a été imprimé à l'étranger.

La seule bonne édition du Moreri est celle augmentée de Drouet et Goujet, en dix volumes, sans supplément, qui a paru à Paris, à la Société des libraires associés (1759).

MORERI (L'abbé Louis)

N° 247. — Grand dictionnaire de l'histoire sacrée et profane. — *Dix volumes grand in-folio, édition de* 1759, *refondue des éditions de* 1718, 1725, 1732 ; *chaque article réuni alphabétiquement à sa place, sans supplément, un portrait de Moreri, près de* 1.000 *pages par volume en deux parties chaque* ; *Paris, Libraires associés.*

Y annexé une table manuscrite pour retrouver de nombreux articles sur les alliances de la famille et des faits qui la concernent.

Cette compilation est des plus précieuses par son enseignement ; on y trouve rassemblés grand nombre de documents épars d'un bon renseignement ; mais qui ne sont pas articles de foi pour cela par leur réunion.

Au volume IV, l'article n'est qu'une « bourde », il n'y a pas d'autre mot d'argot à appliquer au rédacteur de cette biographie, qui dit que c'est Denores qu'il faut écrire en un seul mot.

Ce qui suit a la même valeur. Pierre de Norreys aurait été banni de Venise pour avoir tué un « noble Vénitien » en duel. (V. n° 4 et p. 153.)

Cette rédaction semblerait indiquer que la noblesse de ce mort anonyme aurait joué le principal rôle dans l'affaire.

S'il y avait un noble en cause, c'était bien Pierre de Norreys ; quant à l'autre, dont on ne donne pas le nom, laissons-le.

Les Norreys, comme patriciens de Venise, étaient les égaux de n'importe quel Vénitien noble, et leur **noblesse personnelle** était supérieure, comme origine reconnue par la Sérénissime république même, à celle de la qualification de **Patricien**, qui, du reste, leur avait été donnée à la suite de la plus noble des défaites, quand réfugiés à Venise, après la confiscation de leurs biens et l'assassinat de la plus grande partie de la famille par les Turcs, ils y étaient les égaux des plus nobles. On a pu voir ailleurs que la Sérénissime république, dans ses libellés à l'égard des membres de la famille, les qualifiait « **nobles et jadis des plus puissants** » ; de plus, ils étaient de la famille des Doges après avoir été de celle des Roys de Chypre.

Il y avait deux mariages avec la famille Cornaro, ils étaient cousins, et de plus **Catherine Cornaro** fut **Reyne de Chypre**, de 1475 à 1489. (V. pages 151, 152.)

C'était encore une parente par un autre côté, ayant épousé le fils bâtard du Roy Jean II, parenté qui mettait les Norreys à l'abri de toute suspicion à cette époque comme famille.

Mais l'auteur, dans cette ignorance, devait éviter une autre faute, celle de simple instruction, ne pas connaître les lois rigoureuses contre le duel : il fallait s'expatrier pour se battre. Ne voit-on pas Guillaume de Norreys, **président du Sénat à Chambéry**, signer, le 5 octobre 1457, la permission à deux gentilshommes vénitiens de croiser le fer dans les États du duc de Savoie?

Il n'y avait aucun opprobre à ce bannissement de Venise; il n'aurait pas été si bien reçu à Rome, par **le Tasse** et tous les **cardinaux**.

L'article consacré au cardinal de Norreys, pages 1073 et suivantes, est un des meilleurs dans son ensemble avec celui de l'abbé Ladvocat. Malheureusement, le commencement est un ramassis de non-sens sur son origine, de fautes sur la façon d'écrire son nom et de confusion de personnes; c'est de trop! De plus, on le dit Irlandais d'origine! ce qui est faux, et une flagrante contradiction, puisqu'on le dit descendre de Janson de Norreys, ce qui est vrai, et page 102, volume IV, on dit ce Janson d'origine normande! ce qui est exact.

Mais on écrit que ce Janson est le même qui défendit Nicosie contre les Turcs, c'est le général Jacques III de Norreys qui se fit tuer sur la brèche à l'assaut de cette ville en 1571.

Janson (ou Jean, mais qui n'a jamais voulu dire Jacques) mourut en 1590, un des savants les plus réputés de son temps et qui laissa de nombreux ouvrages.

Le cardinal Henry en descend, comme le dit l'article dans ses contradictions.

Quant aux trois formes différentes que l'on donne au nom de Norreys, il serait absurde de s'y arrêter. Ces questions sont, du reste, élucidées aux n°^{s} 3, 4, 6, 51, et page 17.

Pour clore, le cardinal Henry est né Italien, ayant pour aïeul un noble Chypriote d'origine normande, et son nom doit absolument s'écrire avec la particule comme dans les actes de la famille et ceux qui le concernent personnellement.

On peut et l'on doit ramener son nom à sa forme primitive de Norreys, de Norres ou de Norris en étant une altération.

De l'article de 144 lignes, on peut extraire :

Né à Vérone, le 29 août 1631, mort à Rome, le 23 février 1704. Elevé par son père, **Alexandre**, connu par ses écrits, dès son enfance, il fit paraître beaucoup d'esprit et eut l'habile professeur **Mesoleni**, de Vérone, pour précepteur. (Pages 85, 86.)

Entré à quinze ans au collège des Jésuites de Rimini, il prit l'habit dans le couvent de Saint-Augustin et se fit, en très peu de temps, distinguer par son érudition.

Le général des Augustins l'ayant distingué, le fit venir à Rome, où il se donna tout entier à l'étude, travaillant jour et nuit, et a continué quatorze heures par jour jusqu'à ce qu'il fût nommé cardinal, déplorant que son élévation l'arrachât à ses études.

Il commença à l'âge de vingt-six ans son Histoire du **Pélagianisme**.

Le **grand-duc de Toscane**, honorant son rare mérite, le nomma son théologien, en 1674, et lui donna la chaire de l'histoire ecclésiastique de Pise, où il resta quinze ans. Son histoire Pélagienne fut imprimée à Florence, en 1673, et excita de tels débats qu'il fut déféré à l'Inquisition. Il s'en tira sans la moindre flétrissure, et depuis son histoire fut réimprimée deux fois par lui.

Le pape **Clément X** le nomma qualificateur du Saint-Office. Il fut, de nouveau, déféré à l'Inquisition, en 1676, et en sortit avec le même succès.

Il fit de grands travaux sur les médailles, dont un grand in-folio, imprimé en 1676.

Il donna divers ouvrages de chronologie, dont le plus savant est sur les époques des **Syro-Macédoniens**, paru en 1689, et qui est devenu très rare, et le **Cycle pascal des Latins**. (Ces deux ouvrages, ainsi que l'édition originale de 1681, de **Cœnotaphia Pisana Caii**, font partie de ce catalogue au n°s 253-4). (La collection complète de toutes les éditions de ses ouvrages était au premier catalogue.)

Enfin le **Pape Innocent XII** rappelle ce savant homme à Rome en 1692, et l'établit sous-bibliothécaire du Vatican.

Il eut de nouveau de grands et bruyants démêlés avec l'Inquisition, les Jésuites et le Conseil des Théologiens, dont il sortit encore vainqueur, et le pape en fut si satisfait qu'il l'honora de la **pourpre sacrée**, le 12 décembre 1695. Depuis, il fut de toutes les congrégations et grandes affaires, ce dont il se plaignait : cela lui ôtant le temps de travailler.

Suit la liste de ses ouvrages, tous très savants et très élégants, et dignes d'être immortels, dit l'historien de Moreri.

Il était de l'Académie des **Arcadi**, où il avait pris le nom de **Eucrate Agoretico**.

L'auteur continue le panégyrique du savant prélat qui se trouve ailleurs, avec d'autres détails.

La biographie à part du général Jean de Norreys le met en relief, Ses nombreuses campagnes, où il y avait à se battre : En France avec Henry IV et Coligny; avec le duc de Lorraine, le duc de Nassau, Mathias d'Autriche; en Bretagne, en Hollande, en Portugal.

On donne la courageuse réponse de son grand'père, préférant souffrir mille morts que de trahir, et on fait remonter la filiation de cette branche dans le comté de Lancaster. Comme, en somme, ce n'est pas une généalogie, c'est exact et il n'avait pas à suivre cette branche jusqu'à sa jonction à la souche normande, à Norrey, son berceau, pour se répandre en Angleterre et en Orient, les deux ayant la même origine, comme celle du comté de Lancaster en Virginie.

Volume V, pages 14 et suivantes, il y a quatre colonnes sur la famille des seigneurs de Longjumeau, qu'il dit des plus illustres, ayant possédé les charges les plus importantes; son ancienneté répond à son illustration, la faisant remonter à 1140.

Le mariage de Souveraine, de 1512, sa **légitimation**, de 1521, sont bien à leur place de même qu'au volume VIII, page 108; mais, c'est Denis qui n'y est pas; on le fait sortir de cette union, ce qui est faux et a été prouvé impossible ailleurs, sur documents originaux; mais en se plaçant de la sorte, il fait profiter la famille, dont il s'occupe, d'une descendance royale qu'elle n'a pas.

Volume VII, page 624, il donne le mariage d'Antoinette **de Monchy** avec Jean, seigneur **de Raucourt**, de la branche picarde des seigneurs de Longjumeau. Elle mourut le 9 juillet 1626; elle était fille d'Antoine, seigneur de Sénarpont, gouverneur de Boulogne, chevalier de l'ordre, mort le 18 novembre 1586, et de Jeanne, fille de François Ollivier de Leuville, chancelier de France.

Page 623, on donne l'autre parenté de Monchy : Antoine de Monchy, seigneur de **Montcavrel, Hocquincourt, Rubempré**, mort en 1570, épousa Anne, fille de Thomas de Balzac et d'Anne de Longjumeau, dont l'illustre postérité des maréchaux de France.

Le mariage de Balzac est donné, volume II, page 67, avec sa belle postérité. A la page 63 du IVme volume, il y a la mention du mariage de 1597 de Marie, fille de Michel, seigneur de Longjumeau et de Claude de La Fayette, avec Jean Dauvet de Rieux, baron de Pins. Cette famille existe encore.

Au volume V, page 67, on donne ce mariage La Fayette; et page 62, le mariage de Anne-Marguerite, fille de Jean-François de Gantés et de Gabrielle de Clapiers, avec Pierre de Gaillard de Ventabren, chef d'escadron des dragons de la Reyne. N° 251.

En somme, il a dans les 10 volumes du Moreri, édition 1759, de nombreux bons articles sur la famille et ses alliances, ce qui rend encore plus regrettable la supercherie de l'introduction de Denis de Puteaux, illégalement placé, le reste de l'article étant bon.

MONT-ORGUEIL

N° 240. — LE CHATEAU DE MONT-ORGUEIL. — *Notice historique de 24 pages, avec vues; Jersey, 1882.*

M. P.-J. Ouless, à la page 9 de sa description de ce château féodal, qui se trouve à Gouray, mentionne le blason des Norreys, si bien conservé, au-dessus de la porte d'honneur du château dont l'origine se perd dans la nuit des temps, dit-il, les restes d'architecture datent du XIe siècle.

Dans les albums d'estampes, il y a gravées la porte et les armoiries qui la surmontent avec d'autres vues du manoir. (Voir n° 51.)

MONACO

N° 241. — ANNUAIRES DE LA PRINCIPAUTÉ. — *Petit in-8° de 3 à 400 pages; carte du territoire.*

Courte chronologie des princes et des titres que Charles III fut le premier à se laisser attribuer à la fin de son règne. (Voir pages 68, 154.)

Le blason gravé qui y est donné, est d'argent à 15 fuseaux de gueules. La personne à la direction nobiliaire et héraldique de l'histoire du prince augmente beaucoup ses titres, mais diminue ses fusées, qu'il réglemente à 15. Quand ils sont sans nombre, presque comme les noms qu'il lui attribue. Le blason des Grimaldi est : « **fuselé** ». (Voir aux n°ˢ 188, XI et XII.)

N° **242**. — Le prince Rouge et Noir. — *In-8º de 306 pages, illustre de 15 portraits, 1ʳᵉ et 2ᵉ édition ; Paris, chez l'auteur P. Dumont.*

Notes biographiques intimes sur les Blanc, le prince Roland et autres, qui doivent leur faste à la roulette, dévoilant les irrégularités de basse origine.

MONTAGU (B.-A.)

N° **243**. — A guide to the stutdy of Heraldry. — *In-4º de 75 pages, avec blasons et reproductions de sceaux, devises et emblèmes; Londres, 1840.*

Page 72, au nombre des familles ayant droit à des tenants, les Norreys, dont Jean, seigneur de Bray, qui en avait dès 1450, dit l'auteur, qui semble très sévère sur la qualité du gentilhomme et son rang dans la noblesse qui lui donnerait les titres suffisants pour prétendre à des tenants.

On peut ajouter que les Norreys, ayant eu une longue suite de **chevaliers Banneret**, avaient aussi droit de porter bannière carrée à leurs armes personnelles ou de leur fief, et non celles du seigneur dont ils auraient été feudataires. (Tripoli était de gueules au château d'Or).

NOBILIAIRE ROMAINE

N° 244. — Publié a Venise, 1571. — *In-4° de 229 pages, reliés parchemin du temps, contenant l'histoire de soixante familles.*

NOBLESSE ROMAINE

N° 245. — Le Livre d'Or du Capitol. — 78 *pages*; *Paris*, 1864.

Le comte de Tournon donne l'état présent de la noblesse et son origine « Urbem Romanam ».

NOBLES ET NOBLESSE

N° 246. — *In-8° de 382 pages*; *Paris*, 1892.

Ce livre, signé de Nimal, est un étrange mélange, ramassis de toutes les calomnies.

NOMS PROPRES DE L'ANTIQUITÉ

N° 247. — Étymologie des surnoms anciens. — *In-8° de 581 pages, relié par F. Noël*; *Paris*, 1824.

NOBLESSE (Les illustrations de la)

N° **248**. — *In-folio de 75 pages avec cinq belles planches d'armoiries en couleurs,* 1841.

NOBLESSE (Le Moniteur de la)

N° **249**. — L'Oriflamme. — *Publication in-4° de 18 pages,* 1854.

Constitution politique et civile de la noblesse Russe, par Léouzon-le-Duc.

NOBILIAIRE (La Revue historique et)

N° **250**. — *In-8° mensuel, années* 1863 *à* 1869, *chez Dumoulin.*

Au n° 8, d'août 1867, pages 349, 350, il est donné la copie du brevet de chevalier de l'**Ordre du Camail, ou du Porc Epic**, pour Michel Ier et Michel II. (Voir n° 93.)

NOBILIAIRE DES PAYS-BAS ET DU COMTÉ DE BOURGOGNE

N° **251**. — *9 volumes in-8° avec svpplément, publiés à Louvain et Malines de* 1614, 1630, 1661, 1760, 1774, 1779, 1780, *avec rappel des années* 1420, 1555 *à* 1614, *reliés veau du temps.*

Volume V, page 243 : mariage de Bernarde de Longjumeau et de Jean de Montmorency. Cette alliance est donnée en détail ailleurs.

Volume III, page 236 : mariage du 17 juin 1703, d'Anne-Marguerite de Gantés, morte le 29 septembre 1765, à l'âge de quatre-vingt-cinq ans avec Pierre de Gaillard, **baron de Saint-Estève**, seigneur de Ventabren, de la Bouille, d'Auriac, de Beaureceuil, d'Allons, etc., chef d'escadron des Dragons de la Reyne.

NORMANDIE (Mémoires de la Société des Antiquaires de)

N° 252. — *In-8° relié, premières années*, 1824 à 1830.

Cet important recueil, d'une des Sociétés savantes les plus estimées de France, renferme des documents sans nombre sur l'origine normande des sires de Norreys, chevaliers sous le duc Guillaume dont ils étaient les compagnons à la conquête.

Leur nom est inscrit à l'**abbaye de la bataille**, fondée par le Roy en l'honneur de la Sainte-Trinité, après Hastings.

Les auteurs les plus autorisés donnent le nom des chevaliers de Norreys, notamment André Duchesne, Histoire de Normandie, l'abbé Prévot, Histoire de Guillaume le Conquérant; Hollinshed. Chroniques imprimées en 1577; Banks, Baronage from the Normans; Lower, family nomenclature.

Les Chroniques de Hollinshed des plus anciennes et des premières imprimées disent : « **Hugues d'Avranches**, fils de sœur du duc Guillaume, eut à la conquête le Comté de Chester, où il vint avec quatre barons normands, notamment son cousin, le baron Nigel, qui tint Halton en baronnie féodale », fut connétable du Comté, maréchal des armées, commandant l'avant-garde d'attaque.

Desroches est très explicite dans ses longs détails sur Halton et ses premiers barons, dont on peut suivre la filiation dans Orderie Vital, Mathieu Paris, qui établissent avec d'autres ces premières générations de Nigel, fils d'Ivon, dont Guillaume, né à Avranches, 2° baron de Halton, et Richard son frère, père de Gilbert de Norreys, qui continua la postérité jusqu'au prince Ferdinand.

Le volume XV donne les rôles des chevaliers sous le **Roy Jean**. On y trouve fréquemment le nom de la famille pour des fiefs possédés par eux, notamment aux pages 98, 112, 114, 122, 124.

Le volume XVI donne les rôles sous **Philippe-Auguste**, de 1180 à 1223. On y trouve les Norreys avec d'autres nobles de l'époque, aux pages 23, 34, 35, etc. Les grands rôles de l'Échiquier, **cadastre féodal normand**, enregistrent le nom aux années 1180, 1184, 1198, 1201, 1203, etc.

Comme le dit Desroches dans ses « Annales militaires » et dans son « Histoire civile de l'Avranchin », ces chartes sont les preuves authentiques sur la noblesse des familles qui établissent irréfutablement leur chevalerie dans la vieille Normandie féodale.

Cet historien donne aussi un très bon historique de l'importante baronnie de Halton, appartenant à Nigel en 1068, qualifié dans les actes du temps, cousin de Hugues, **comte d'Avranches**, lui-même dénommé neveu du Roy Guillaume.

Son petit-fils, Guillaume, mort dans ses domaines de Normandie, — est, dans les actes du temps, nommé neveu de **Gilbert de Gand**, neveu du Roy Guillaume, — fut le troisième baron de Halton. Son père aussi nommé Guillaume, né à Avranches, un des douze pairs à la conquête, avait épousé Agnès de Gand, cousine de **Mahaut de Flandres**, épouse de Guillaume le Conquérant. (Toute cette filiation se retrouve dans les Antiquités historiques de Sir P. Leycester, imprimées en 1673; de Henry Peckham (1664); Daniel King (1656); Hollinshed (1577); André Duchesne, l'abbé Prévost, Desroches, etc., etc.

Le catalogue des rôles normands, conservé à la tour de Londres et mis à jour par M. de **Bréquigny**, de 1715 à 1795, contient de nombreux documents sur la famille. Quant au savant travail de M. Léchaudé d'Anisy, le vice-président de la Société des Antiquaires de Normandie, qu'il avait entrepris avec M. de Sainte-Marie, il est resté inachevé par la mort de ces deux collaborateurs.

C'était la traduction en français du **liber censualis**, établi par ordre du duc Guillaume, renfermant les preuves les plus probantes sur l'ancienne chevalerie normande et contenant de nombreuses chartes relatives aux Norreys.

Le seul premier volume, paru en 1842, n'est complet que pour les familles dont le nom commence par la lettre A. Il y a cependant, page 272 et 555, mention de la famille de Norreys.

Le volume X, page 83, donne l'histoire des barons de Erneys, maison féodale éteinte dans la maison de Norreys. **Raoul d'Anjou**, comte d'Angers, eut deux fils; l'aîné, aussi nommé Raoul, en 1030 épousa **Alberede de Molines**, et forma une branche des comtes d'Anjou, p. 26.

Le fils cadet prit le nom de Erneys, d'un fief près de Norreys, et épousa **Hadvise d'Aunon**, il fut l'aïeul d'Alice de Erneys, fille et héritière de Roger de Erneys, dernier de sa famille et de Jeanne de Molines, dont on voit déjà une alliance plus haut. Alice porta les grands biens de cette famille dans la maison de Norreys par son mariage avec

Henry Ier de Norreys, qui en eut les enfants qui continuèrent la postérité et donnent une descendance directe en ligne maternelle des anciens **Comtes d'Angers** de la maison d'**Anjou**, au prince Ferdinand.

Les mémoires de la Société, qui n'ont rien des généalogies modernes faites pour les besoins d'une famille, mais la réunion de chartes collationnées par des savants désintéressés, chercheurs consciencieux dans l'histoire de leur province, sont des plus précieux par leur véracité, p. 88.

On y trouve aussi quelques détails sur Roger de Norreys. La vie de ce moine célèbre est dans toutes les chroniques du moyen âge, du reste, ferait un ouvrage entier pour lui seul, dans sa turbulence.

Après de longs démêlés en Normandie avec d'autres moines, il fut nommé abbé par l'**archevêque d'Alençon**, et prieur par autorité royale en 1160 ; il mourut en 1223.

Pendant son pèlerinage à Rome, en 1204, on le trouve emprisonné à Châlon, mais immédiatement relâché. Il trouve le **pape Innocent III**, et revient en 1205.

Il vendit sa coupe d'or pour aider à la rançon de **Richard Cœur de Lion.**

Il donne deux marks pour la messe à célébrer à l'anniversaire de la mort de Guillaume de Norreys, inhumé dans l'abbaye de Sancta-Albano.

« Gallia christiana » le cite comme abbé de Saint-Egwin en 1217.

Ne pas confondre avec Robert de Norreys, IVe abbé de Sainte Verburg, installé le jour de la Saint-Nicolas, 1157, et mort en février 1174.

NORREYS (Le cardinal Henry de)

N° 253. — CHRONOLOGIE DES ÉPOQUES SYRO-MACÉDONIENNES ET DISSERTATION SUR LE CYCLE PASCHAL DES LATINS. — *Vieille typographie, deux volumes in-4°, reliés en un, de 565 et 251 pages, parchemin du temps (1696), devenus très rares, d'après Moreri, en latin ; Leipsig.*

Ces volumes, avec de nombreuses reproductions de médailles, donnent un portrait du cardinal (le plus mauvais qui ait été fait). Selon la mode du temps, à côté de ses armes sont celles du Souverain Pontife qui le fit cardinal. Et on remarque qu'il avait adopté le nouvel écu de ceux de sa famille échappés de Chypre et réfugiés à Venise : une galère sur la mer. Cet écu emblématique avait été modifié : une divise d'azur brochant en fasce sur le tout, et un chef de l'Empire fut ajouté pour les dignités qu'ils reçurent depuis comme patriciens de Venise et de Trente, nobles dans les pays de la couronne d'Autriche, comtes Impériaux et Palatins, princes de l'Empire, etc., etc.

Il est regrettable de voir une même famille changer de blason pour une branche ; du temps de la féodalité c'étaient des emblèmes significatifs, comme des devises personnelles.

M. de Beauregard, dans ses familles de Savoie, donne jusqu'à six armoiries pour la famille de Compey.

Nompar de Caumont portait aux croisades d'azur à trois léopards couronnés d'or ; son frère, en France, portait tiercé en bande de gueules et d'azur.

Ces exemples peuvent être cités à l'infini. Les de Lacy portaient écartelé d'argent et de gueules, presque comme les Norreys ; comme croisés, d'autres Lacy portaient un lion rampant.

N° 254. — CŒNOTOPHIA PISANA CAII ET LUCII CŒSARUM. — *Grand in-folio de 490 pages, relié veau du temps, avec index* ; *Venise, 1681.*

Les dictionnaires historiques de l'abbé Ladvocat ; Moreri, et toutes les biographies analysent ces ouvrages du cardinal.

N° 255.

Les œuvres complètes de ce moine de l'ordre des ermites de Saint-Augustin se trouvent au premier catalogue des livres de la bibliothèque détruite en 1871, plus une édition réimprimée à Vérone, de 1629 à 1732, où l'on donne les certificats pour les premiers permis d'impression, quand le cardinal eut tant de démêlés avec l'Inquisition.

On y voit toujours son nom précédé de la particule « de ». Comme il n'y a pas d'**y** dans l'alphabet italien, on a orthographié « de Norris », en laissant tomber l'**e**.

NOBLESSE ET GENTRY

N° 256. — PAR T. J. R., L'UN DES BARONS D'ULSTER. — *In-8° de 63 pages* ; *Pau, 1847.*

NORREY (Le Maître de l'Œuvre de)

N° 257. — Légende normande. — *In-4°, de 100 pages, relié, dos veau, au nom de bibliothèque de Norreys, avec de nombreuses illustrations en photogravure, par H. Magron, Paris, 1894, et table archéologique.*

M. Gaston Lavalley donne dans ce volume dix belles vues de l'église de Norrey, intérieurement et extérieurement, dont la belle architecture du xiii° siècle a été remarquée par plus d'un.

N° 258. — La Normandie monumentale. — Le Calvados. — *Grand in-folio, plano, édité par Lemale, au Havre.*

Des pages 231 à 242, avec une grande héliogravure de Dujardin, reproduisant, sur une planche de 37 centimètres sur 47 centimètres, l'église de Norreys vue des champs, il y a six pages de texte avec quatre photogravures des détails d'architecture intérieure de l'église de Norrey.

On y trouve des gens du lieu, écrivant encore le nom Noré en 1683

NORREY (L'église de)

N° 259. — *Quatre grandes lithographies de E. Sagot, de 35 centimètres sur 47 centimètres.*

Vue du porche septentrional, vue de l'ensemble de l'église, plus deux pour l'intérieur, le cœur et le transept.

Editées par Lemaître, à Paris, pour l'ouvrage de Taylor.

NICE (Annuaire du Cercle philharmonique de)

N° 260.

Compte rendu des budgets : le comte de L-N., membre sociétaire et directeur.

NICE (Annuaires officiels du département)

N° 261. — *In-8°, de 300 à 400 pages.*

Année 1872, page 284, commandant de la mobile pendant le guerre 1870-1871, le comte de L-N.

NICE (Société amicale des Alpes-Maritimes).

N° 262. — *Fondée à Paris par le Dr David de Saint-Léger, député, chevalier de la Légion d'honneur, officier d'Académie; Paris, 1887.*

Liste des membres fondateurs, le comte de L-N.

NICE (Annuaires de l'ancien Cercle Masséna).

N° 263. — *Listes des membres titulaires et fondateurs, le comte de L-N. Ce cercle n'existe plus depuis 1886.*

NICE (Club alpin international).

N° 264. — *In-8°, de 136 pages, liste des membres fondateurs, le comte de L. de N., vice-président du Club-Alpin français.*

Compte rendu d'une excursion en Suède et en Norvège, par l'avocat Séraphin Navello, avec dédicace au comte L-N.

OUTREPONT (T.-G. d')

N° 265. — Almanach des guerriers français. — 199 *pages, relié veau du temps*; *Paris* 1819.

Cet éphéméride de nos victoires est dédiée aux militaires. La chronologie historique des villes prises, batailles, tant sur mer que sur terre.

ORGEVAL (Le baron le Barrois d')

N° 266. — Revue littéraire ou Petit Vapereau. —

A la page 12 du n° 29, année 1880, relation d'une ascension en promenade alpestre conduite par le vice-président du Club-Alpin français.

Les photographies prises au courant de cette journée, au carton des estampes avec de nombreuses autres, sont de M. Marteau, officier de la Légion d'honneur et de l'Instruction publique.

Y annexées, des centaines de coupures extraites des divers journaux de la région, rendant compte des nombreuses excursions et ascensions des caravanes des membres du Club-Alpin français, pendant les cinq ans de réélection, comme vice-président, du comte de L. de N., fondateur de la section des Alpes-Maritimes (Voir n° 20).

ORLÉANS

N° **267** — Documents authentiques sur les biens des. — *In-8° de 56 pages, par Louis de la Roque* ; Paris, 1852.

N° **268**. — Les d'Orléans au tribunal de l'histoire. — *In-8°, de 396 pages; de 1640 à 1701, par Gazeau de Vautibault;* Paris, 1887.

N° **269**. — Les d'Orléans devant l'histoire. — *In-8° de 336 pages, par le comte de Montry*; Paris, 1887.

N° **270**. — Princes et princesses d'Orléans. — *In-8°, de 409 pages, de 1640 à 1886 (le fils du cocher Lefranc)*; Paris, 1886.

N° **271**. — Les apanages des d'Orléans. — *In-8° de 112 pages*; Paris, 1852.

N° **272**. — Madame la duchesse d'Orléans, Hélène de Mecklimbourg. — *In-8° de 239 pages*; Paris, 1859.

N° **273**. — La descendance de Louis-Philippe. — *Grand tableau de 53 centimètres sur 68 centimètres.*

Ce travail, en forme d'arbre, avec plus de 60 blasons en chromo, dates des naissances, mariages et décès de la nombreuse postérité du Roy, est composé par le comte Hallez-d'Arros. Nombreuses fautes héraldiques, surtout à celui d'Espagne, où le blason des Deux-Siciles est donné à sa place. (Voir n°⁸ 10, 27.)

PAILLOT

N° 274. — LA VRAIE ET PARFAITE SCIENCE DES ARMOIRIES. — *Deux volumes in-folio de 351 et 618 pages, réimpression en fac-similé de l'édition de 1660, nombreuses tables et multitude de blasons; Paris, 1895.*

Page 619, à l'article **Tau**, le blason seigneurial de Longjumeau est donné comme ayant des trèfles de gueules; c'est de sinople qu'il faut lire; c'est le Tau qui est de gueules. De nombreuses armoiries sont à consulter dans ce travail pour collationner avec la composition des armes de famille et ses alliées.

PINARD

N° 275. — HISTOIRE DU CANTON DE LONGJUMEAU. — *In-8° de 375 pages; Paris, 1864.*

Le blason du fief de Longjumeau, aux premières pages, est mal fait; ce n'est pas que les perroquets ont l'air d'être des moineaux, ni que les trèfles sont ceux d'un jeu de cartes, et non de jardin au naturel, mais les croix de Saint-Antoine ou « Tau », sont de simples lettres de l'alphabet.

Les armoiries sont devenues communales, étant les anciennes territoriales du domaine, et aucun décret n'en a changé la composition pour les municipalités qui les ont toujours employées ainsi, n'en déplaise à une erreur toute récente.

Elles datent des lettres du Roy François Ier, et ce n'est pas au caprice de les modifier. Mais, ce qui regarde particulièrement l'auteur, c'est quand, page 16, il fait Souveraine, épouse du seigneur de Longjumeau, une fille née de Louise de Savoye, avant mariage, de son futur époux, Charles, prince de Valois, duc d'Orléans, comte d'Angoulême, qu'elle avait épousé en 1487. (Voir à ce sujet l'article de Belleval et n⁰ˢ 10 et 110.)

Il se trompe autant que de Courcelles dans son Dictionnaire de la noblesse de 1821, quand il dit que ce même seigneur de Longjumeau était bâtard du duc de Lorraine.

Dans un article de 25 pages sur Longjumeau, il y a bien d'autres erreurs de filiation, comme dans le chapitre des pages 110 à 128 sur Chilly, relatif aux membres de la famille, qu'il serait oiseux de relever.

On constate cependant que ce fut Michel II, qualifié **grand panetier de France**, page 119, qui obtint l'établissement des foires du pays, qui ont été une de ses sources de richesse.

Le Roy était en séjour au château chez sa sœur, son beau-frère, et le fils de ce dernier, par conséquent son neveu, par les lettres de légitimation de 1521 ; sa situation était établie.

On trouve, dans le Recueil des actes de François Iᵉʳ, ceux qu'il signa et dicta du château, du 6 au 7 juillet 1537 ; ils sont au nombre de huit publiés ; il y en a d'autres de manuscrits.

M. Bezault, dans son Histoire municipale de Longjumeau, publiée en 1887, dit que l'histoire conserve le nom du seigneur de Longjumeau, qui défendit au prix de sa vie, si héroïquement **Coligny**, quand il mourut sous l'agression de l'allemand Besne, le jour de la Saint-Barthélemy, le 24 août 1572.

On sait que Jean de Norreys avait été aussi un de ses officiers, de même que Lancelot de Norreys, un des capitaines du duc d'Épernon à la même époque.

PAIRS DE FRANCE

N° **276**. — Notice biographique. — *In-8° ae 92 pages* ; *Paris*, 1819.

Soixante-dix notices avec des nominations du 5 mars 1819.

N° **277**. — *In-8° de 329 pages* ; *Paris*, 1829.

Ouvrage similaire, par M. Lardier, avec notes sur les créations de la Restauration.

PORTUGAL

N° **278**. — Nobiliaire officiel. — *In-8° de 301 pages, relié, nombreuses tables*; *Lisbonne*, 1838.

Titres hiérarchiquement placés avec une nomenclature alphabétique.

N° **279**. — Nobiliaire généalogique. — *In-4° de 693 pages, relié toile rouge, doré aux armes royales.*

Ce travail, de M. Silveria-Pinto, dédié au Roy Don Louis Ier, donne des notices généalogiques sur les familles avec leurs blasons et une liste des titres étrangers conférés par le gouvernement, de Bary, Erlanger, etc.

PONTIFICUM ROMANORUM

N° **280**. — *In-folio de 1.284 pages, relié veau du temps.*

Chronologie des papes et cardinaux avec leurs blasons jusqu'en 1542.

POLI (Le vicomte Oscar de)

N° **281**. — Essai d'introduction a l'histoire généalogique. — *In-8° de 252 pages*; *Paris*, 1887.

PREVOT-PARADOL

N° **282**. — Élisabeth et Henry IV. — *In-8° de 300 pages*; *Paris*, 1863.

A la page 60, il y a confusion entre le général Jean de Norreys et son frère, Édouard, gouverneur d'Ostende, sans conséquence.

PATRIA

N° 283. — La France ancienne et moderne. — *Deux volumes in-8°*.

PEERAGE

N° 284. — England, Scotland and Ireland. — *Trois volumes in-8° de plus de 500 pages chaque, 90 belles planches de blasons gravés de six chaque avec couronnes, supports, cimiers, devises, etc.; Londres,* 1740.

Cet intéressant ouvrage, sans nom d'auteur, classe hiérarchiquement la noblesse titrée par pays : Angleterre, Écosse et Irlande. Les notices généalogiques sont d'un bon détail.

Page 35 : La naissance, du 27 février 1703, du petit-fils du Roy Charles II, qui épouse, le 9 décembre 1736, Marie de Norreys, dont il eut un fils qui épousa la sœur du duc de **Marlborough**.

Page 224 : Le mariage de Catherine de Norreys avec le gouverneur de l'île de Jersey, mort en 1595. C'est par ses soins que la tombe de Maximilien de Norreys, tué en Bretagne, servant sous Henry IV, fut érigée à Saint-Hélier par un pieux sentiment pour son épouse. Son épitaphe, sur la pierre tombale est relevée ailleurs. (Voir n° 51.)

La descendance directe de cette union porte le titre de Marquis de Winchester, ducs de Bolton :

De plus, les nombreuses alliances directes avec les — le Grosveneur, ancienne famille normande dont la postérité en ligne féminine des Norreys porte le titre de Marquis de Westminster.

La parenté consanguine des ducs de Norfolk y est également établie avec d'autres de la plus haute noblesse se faisant honneur de ses alliances de la vieille Normandie.

PALATINA (Histoire du)

N° 285. — *Bel in-folio de 418 pages, relié parchemin du temps, doré aux armes; Francfort,* 1700.

Cet ouvrage en latin, est de M. Caroli-Ludovici Tolneri. Avec un supplément de 500 pages, index, frontispice, belles gravures et tables généalogiques ; texte vieux gothique.

PAVILLONS DE TOUTES LES PUISSANCES MARITIMES

N° **286**. — *In-4° de 43 planches de 4 à 10 pavillons, guidons ou flammes, en chromo fin rehaussé d'or et d'argent; Paris, 1858.*

Ce travail, impression de luxe, du capitaine de frégate A. Le Gras, du dépôt des cartes de la marine, sous le ministère de l'amiral Hamelin, est officiel.

Avec chaque planche sur bristol, une page de légende, de texte, règlements et statistique.

Armoiries très soignées des différentes puissances héraldiquement composées avec proportions et emploi à bord de chaque bâtiment, règlement dû à chaque insigne. (Voir n°ˢ 127-8-9.)

REY (E., de l'Institut)

N° 287. — LES COLONIES FRANQUES DE SYRIE AU XIII° SIÈCLE. — *In-8° de 53 pages, avec tables*; Paris, 1883.

On trouve, dans cet ouvrage, les détails de l'importance du comté de Tripoli et de la noblesse latine de l'époque.

Ce comté souverain avait : quatre évêchés, douze forteresses, dix monastères, dix-sept baronnies, quatre-vingt-quatorze fiefs.

Le comte avait : son sénéchal, son connétable, son bouteiller et tenait cour souveraine.

Ce serait un volume à retranscrire que de faire l'historique de ce petit royaume, dont la famille de Norreys a donné une **dynastie** de **sept comtes titulaires**.

Comme le dit l'auteur dans ses Familles d'outre-mer, page 489, ce titre avait toujours été réservé à l'héritier du trône, à un membre direct de la famille de Lusignan. (Voir n°ˢ 87 et 232 à 236.)

N° 288. — RECHERCHES HISTORIQUES SUR LA DOMINATION DES LATINS EN ORIENT AU XII° SIÈCLE. — *In-8°*; Paris, 1877.

A la page 39, on y donne la copie *in extenso* d'un parchemin des croisades. Par cet acte, signé d'un chevalier de Norreys, on constate une fois de plus la situation prépondérante de la famille.

Il est du 15 décembre 1261; c'est un accord entre Jean d'Ibelin et les chevaliers de l'hôpital.

Le sire Baudouin de Norreys chevalier est nommé dans l'acte et il signe second après **Philippe de Navarre**.

Ce seigneur est le fils du baron dont on voit encore l'épitaphe sur cette belle tombe dont parle M. de Mas-Latrie, où il est représenté avec son épouse, une princesse de Lusignan.

M. Borel d'Hauterive, *Revue Historique*, in-4°, de 1841, page 407, cite Jean de Norreys comme comte de Tripoli.

Le comte Beugnot, dans les Documents sur l'histoire de France, publiés à l'Imprimerie royale en 1841, donne, tome I, pages 74, 418, 652, les assises de Jérusalem.

Il nomme de même ce Jean de Norreys comme comte de Tripoli et dit : Après la conquête, la Syrie chrétienne fut divisée en quatre grandes principautés : **Jérusalem, Antioche, Edesse** et **Tripoli**, avec une organisation semblable à la France féodale.

Aux assises de Jérusalem, la cour de ces barons était présidée par un des premiers quatre barons, dont le comte de Tripoli.

Ces barons, dont le fief ne relevait que de la couronne, étaient « **Pairs** ».

Le comte de Tripoli, comme vassal direct, était tenu aux obligations d'hommages, mais non à la prestation d'un nombre d'hommes.

M. Bonneserre de Saint-Denis, dans la *Revue Nobiliaire*, tome II, page 159, année 1863, dit : Le comté de Tripoli, comme principauté : ne relevait que du Roy de Jérusalem et de Chypre.

Les titres de sire, baron, prince, étaient trois qualifications équivalentes au moyen âge.

Les droits, entre autres, des comtes de Tripoli, étaient de battre pavillon et frapper monnaie, dont même quelques-uns des autres usaient quoique n'étant que barons de province et non d'un fief relevant directement du Roy, comme la principauté de Tripoli. La ville, même, était un grand centre d'études ; son importance, à cet égard, est relatée ailleurs.

ROBERTET (Georges)

N° 289. — Les Robertet au xvie siècle. — *In-8° de* 105 *pages* ; *Paris*, 1888.

Ce travail devait comprendre deux volumes ; le tome qui renferme des études biographiques sur les ancêtres de M. Robertet n'a pas paru, la mort étant venue le frapper au mois d'août 1888.

Ce registre de Florimont Ier est la seule partie publiée, malheureusement, car les 603 pièces n'ont aucun intérêt pour la famille, comme les autres volumes en auraient un certainement, si le bibliothécaire de l'Arsenal avait vécu. (V. n°s 88, 299.)

REILHAC (Jean de)

N° 290. — GÉNÉRAL DES FINANCES. — *In-4°, de 404 pages; papier à la cuve, bel ouvrage, impression de luxe; blasons, sceaux, portraits, vues, fac-similés de parchemins, généalogies, etc., etc.;* Paris, 1886.

Ce travail, fait par la famille, est conçu en vue d'elle; il est cependant question, aux pages 256, 257 et 337, d'un autre général des Finances. Ces actes sont du 6 juin 1468 et 6 avril 1491.

On peut voir dans ce catalogue de nombreuses autres pièces sur Michel de Gaillart, chevalier, général des Finances, conseiller du Roy, confirmé dans sa charge par trois monarques : Louis XI, Charles VIII et Louis XII. (V. p. 12, 13.)

Il est inutile de revenir sur ce personnage ; on doit cependant citer des ouvrages qui éclaircissent l'historique de son temps.

Simon Fournival publia dans son recueil des titres de ces généraux, en 1660, les documents qui font foi : Dans ces 1,130 pages, on voit qu'ils avaient droit de posséder fiefs nobles, de franc-alleu et autrement. La qualité de chevalier était attribuée à leur charge, qui conférait la noblesse héréditaire. Michel de Gaillart était chevalier triplement, par cette dernière dignité, par délégation d'emploi, mais premièrement par ses débuts militaires (voir l'abbé Ladvocat) et par le brevet de 1490 que lui donnait l'ordre du Roy.

Fournival ajoute qu'ils avaient l'honneur de saluer le Roy, comme étant du corps des compagnies souveraines, avec les mêmes privilèges et exemptions que ces dernières.

Leurs femmes et filles avaient le droit de se vêtir des mêmes habits et parures que celles des officiers des cours.

Ils étaient exempts des logements des gens de guerre et de cour. Ils marchaient avant les seigneurs de la chambre des comptes, vêtus de velours, une grosse chaîne d'or au col. On voit dans le testament de Michelle, dame de Bury et d'Alluye, que celle que portait son père lui venait d'Anne de Bretagne. Dans la Vie de cette Reyne, par M. Le Roux de Lincy, volume IV, page 20, on voit le don que lui fit cette princesse de pièces de velours pour ses robes de cérémonie. (V. n° 50.)

RICHEBÉ (Raymond)

N° **291**. — Les XXXII quartiers du prince de Portugal. — *In-4°, avec 62 grandes planches de blasons; Paris,* 1894.

Ce magnifique travail, avec dédicace de l'auteur au prince de L.-N., édité avec autant de luxe que rédigé avec science, en collaboration de M. J. van Driesten pour le dessin des armoiries, contient une table généalogique de six générations, depuis 1750, à la naissance du prince Louis-Philippe, duc de Bragance, né le 21 mars 1887, le blason de toutes les armoiries, répertoire héraldique de six pages, tables, etc.

N° **292**. — Armoiries et décorations. — *564 pages; Paris,* 1896.

Avec dédicace de l'auteur au même, portraits de souverains, armoiries des États, drapeaux, croix et ruban ; nombreuses tables.

REVUE DES REVUES

N° **293**. — Avons-nous une noblesse française. — *Deux in-8° de 27 et 20 pages, tirage à part des articles d'octobre et novembre,* 1898.

Jointes à ces deux pamphlets, les preuves sur la véritable identité de celui qui signe vicomte A. de Royer, qui serait tout autre d'après de nombreux articles, notamment de M. Montorgueil, dans le journal *le Matin* des 2 et 10 novembre et jours suivants, et *la Presse* du 10 novembre 1898, avec une série d'autres articles, ainsi que la lettre de M. Clément de Royer, magistrat,

La revue est dirigée par M. Finckelhans, israélite polonais qui signe Jean Finot.

Le vicomte de Royer n'a rien inventé dans les pages qu'il donne; ce sont des copies arrangées de toutes les calomnies qui circulent depuis des siècles dans d'autres recueils et contredites, preuves en main, quand cela en valait la peine. (Voir Saint Allais, *Annuaire Historique*, 1835, des pages 1 à 127 et n° 308.)

REICHSTADT (Le duc de)

N° **294**. — *In-8° de 500 pages, avec portraits, autographes.*

Ces mémoires intimes sont de M. de Montbel.

RUSSIE

N° **295**. — L'art héraldique et les titres russes. — *In-8° de 14 pages, avec blasons, par le comte Hallez-d'Arros; Paris, 1892.*

N° **296.**

Par le même auteur, un tableau de 70 sur 50 centimètres, en forme d'arbre, la descendance de S. M. Nicolas Ier avec nombreux blasons, quatre générations de 1818 à 1891. (V. n° 273.)

RUSSISCHE GUNSTLINGE

N° **297**. — *Un volume de 328 pages in-8° avec table; Stuttgard, 1883.*

Ce volume, avec un portrait de Catherine II, donne 110 biographies historiques des favoris. Ces personnages, depuis 1809 avec notes du Gotha ont encore, pour quelques-uns, leurs noms à la cour de Russie de nos jours. Texte allemand, caractères latins.

SAINCTE MARTHE (S. et Louis de, historiographes du Roy)

N° 298. — Histoire généalogique de la maison de France. — *Trois volumes in-folio, nombreux blasons, plus de 1.000 pages chaque*, 1628.

Nombreuses tables de classification, à celle, page 1079, intitulée « des familles sorties du **sang royal** », on trouve les **seigneurs de Longjumeau**, puis catalogués à la nomenclature **sires et barons**. Ensuite, on les retrouve à la table de la page 857, et à celle des armoiries qui, au premier volume, page 630, sont blasonnées, parti de Valois. (V. n°ˢ 201, 213.)

Au livre 28, chapitre XV, article 22, on trouve la descendance de Souveraine d'Angoulême, dame de Longjumeau; il y est marqué qu'elle eut un fils unique, nommé Michel, et une fille, Anne, qui épousa Thomas de Balzac de Montagu, fils de Pierre, seigneur d'Entragues et d'Anne, fille de l'amiral Louis Mallet de Graville dont la descendance page 859. Aux pages 857, 858, 884, on donne la postérité des treize enfants de Bernarde de Longjumeau, qui épousa **Jean de Montmorency**. (V. n° 47.)

Ces auteurs ajoutent que du mariage de Michel II et de Souveraine est venue une grande lignée; qu'ils sont inhumés dans l'église de Chilly; que le duc François de Valois reconnut Souveraine pour sa sœur naturelle par lettres **du 7 février 1512**, et que le **10 du même mois** elle épousa au château d'Amboise le seigneur de Longjumeau, chevalier, panetier du Roy; ailleurs il est de plus qualifié de gentilhomme de sa chambre, chevalier de l'Ordre du Roy.

En considération de ce mariage, la princesse Louise de Savoye fit don à Souveraine de trois mille écus d'or, dont 1.000 à entrer en communauté, le reste à employer en achats d'immeubles, et la dota en plus, de 400 livres de rente, se faisant fort, dit l'acte de ratification de ce mariage, de son fils, le prince François de Valois.

A propos d'actes concernant ce mariage et ses suites, les archives de famille conservent le relevé d'une lettre du Roy François Ier, du 1er mai 1517, qui prouve que comme Roy, il payait encore ses dettes de prince de Valois, c'est un mandement à ses trésoriers de payer le reliquat de la dot de sa bien-aimée sœur, garantie par lui en 1512, à la demande de la Reyne-mère, lors comtesse d'Angoulême veuve de son père.

SAUSSAYE (L. de la)

N° 299. — BLOIS ET SES ENVIRONS. — *In-8° de 352 pages, tiré à 100 exemplaires, illustré de 38 vignettes*; *Paris*, 1862.

Page 83 : Notice sur l'hôtel de Gaillart, à Blois, dont parlent Bernier et d'autres. L'auteur dit : « Ce financier intègre, issu d'une famille noble du Blaisois, fit bâtir cet édifice, apportant dans sa construction la modestie qui faisait le fond de son caractère, » etc., etc... « Néanmoins, quelques parties veulent être examinées : l'ancienne tourelle, l'escalier, des fenêtres du xve siècle, une cave, » etc., etc... « Des faces grotesques contristées ou moqueuses de la période gothique, se trouvent dans l'architecture », etc.

Page 73 : Description de l'hôtel d'Alluye, avec une gravure où l'on retrouve les armes des Robertet et des Longjumeau. La dame d'Alluye était la fille du général des finances qui fit bâtir l'hôtel de Gaillart, place de l'Hôtel-Dieu.

Page 250 : Le château de Bury avec vue et notice ; mais, pour avoir une véritable idée des magnificences de ce château, un des plus beaux de France, il faut avoir recours aux contemporains, à ceux qui ont vu, à ceux du métier. Aussi, A. du Cerceau donne, dans son deuxième volume, des plus « **exellens bastimens de France** », publié en 1579, quatre beaux plans du domaine et de ses constructions.

M. P. de Fleury a écrit les « Sires de Bury ». A consulter aussi, les mémoires de la Société des sciences de Blois de 1836, et de la Société des lettres du Blaisois de 1852.

En 1884, la Société française pour l'avancement des sciences parle aussi de cette baronnie, qui était la propriété de Michelle, fille du capitaine-général, grand patron des galères de France, et où elle est morte, puis inhumée dans la chapelle d'Alluye de Saint-Honoré de Blois. Son mari, qui repose à ses côtés, était Florimond Robertet, seul secrétaire d'État sous trois Roys. (V. Touchard-Lafosse.)

M. de la Saussaye, qui semble ne pas aimer cette famille, dit qu'il n'y en a plus. Cependant, il y a M. Georges Robertet, administrateur de la bibliothèque de l'Arsenal, qui a affirmé son existence par des travaux sur sa famille en 1887. (V. n°s 88, 289.)

N° 300. — HISTOIRE DU CHATEAU DE BLOIS. — *In-4° de 230 pages, 2ᵉ édition, relié, nombreuses gravures teintées, 7 planches et un frontispice*; Paris, 1840.

On sait que Mathurin de la Saussaye fut évêque d'Orléans, où il succéda par résignation de son oncle en sa faveur. Cet oncle, Jean de Morvillier, était le fils unique de Marie de Longjumeau, et ce Mathurin, filleul de Mathurin de Gaillart, était un des six enfants de Jeanne de Morvillier, sœur de l'évêque, qui épousa Jean de la Saussaye de Brezolles, dont les quatre filles épousèrent des membres des familles de l'Hôpital, de Baillon, de Foucault, d'Alesso, et ont eu une nombreuse postérité encore représentée dans les maisons de Courtenay de Montléar, Le Fèvre d'Eaubonne et d'Ormesson, qui descendent par conséquent de Marie de Longjumeau. (V. n° 201.)

La sœur de Jeanne, qui épousa Jean de la Saussaye, Marie, fille aînée de Marie de Longjumeau, épousa Guillaume Bochelet de Sassy, secrétaire d'État, greffier de l'Ordre du Roy, dont Jacques, chevalier des Ordres, **ambassadeur aux Pays-Bas**. Ce petit-fils de Marie de Longjumeau épousa, le 28 mai 1548, Marie de Morogues, dont la postérité est représentée par les **maréchaux de Castelnau** et la famille de **Rochechouart**.

Les trois sœurs de l'ambassadeur se marièrent; la postérité de Catherine est représentée dans les maisons de Castelnau et de Gamache.

Celle de Jeanne, qui épousa en 1542 Claude de Laubespine de Châteauneuf, secrétaire d'État, est représentée dans les maisons de Neufville de Villeroy.

Dont Catherine qui, épousant en 1660 Louis de **Lorraine**, comte d'**Armagnac**, fut mère de Marie, née en 1674 † 1774, ayant épousé en 1688 Antoine Grimaldi, dernier **prince de Monaco**. Sa fille, femme du comte de Goyon, transmit ses biens dans cette famille, qui a formé les princes de Monaco de nos jours, qui descendent donc, en ligne féminine, de la maison des seigneurs de Longjumeau. Mais il y a bien d'autres parentés, comme on peut le constater ailleurs. (V. pages 113, 162.)

SAINT-ALLAIS

N° 301. — Armorial des familles nobles de France. — In-8°, 46 *planches de* 24 *blasons chaque, avec* 176 *pages de texte pour description des armoiries gravées*; *Paris,* 1817.

On donne un étrange blason à une famille de Gaillard de Baccarat, qui est une composition en altération des armes seigneuriales de Longjumeau, ayant et les croix de Saint-Antoine, et les trèfles, ainsi que les perroquets, mais qui sont déformés par le mauvais dessin, ce qui les fait confondre avec un autre oiseau; le tout écartelé séparément par quartier.

Cela fait songer au cas du sieur de Gaillard du Breuil, qui fut poursuivi et condamné, le 21 juillet 1667, par le commissaire du Roy en inspection, M. Dorieu, pour usurpation de noblesse, pour avoir porté les armes pleines des seigneurs de Longjumeau. Le sieur du Breuil fit appel au tribunal de Soissons, et sur la présentation des lettres de légitimation du seigneur de Longjumeau, son bisaïeul, il fut autorisé à porter les armes seigneuriales simples de Longjumeau, pleines et sans brisures ni écartelures. (V. n° 110.)

Le registre 32, 265 de la généralité de l'élection de Soissons, dit que ses descendants furent maintenus dans leur noblesse sur la présentation des mêmes lettres de légitimation.

La *Revue bibliographique* de mai 1890, 5° livraison, page 456, dit : « Le titre de bâtard de prince n'impliquait aucune défaveur au XVI° siècle et donnait droit, au contraire, aux plus belles alliances; les bâtards du sang royal étaient gentilshommes, les légitimés, princes et les enfants reconnus de gentilshommes sont nobles. »

Cette jurisprudence établit une des valeurs des lettres de légitimation au point de vue héraldique : elles enlèvent toute surcharge aux armes.

Au point de vue nobiliaire, il reste acquis que le bénéficiaire est élevé au rang des légitimes et hérite, au point de vue légal, de la situation sociale de ses procréateurs, et de tous droits, sauf la succession au trône, des honneurs et titres qui s'y rattachent, qu'il transmet héréditairement en légitime mariage. (V. n°ˢ 10, 110.)

N° 302. — Annuaire historique de la noblesse. — *In-8°, de* 587 *pages, relié* ; *Paris,* 1835.

Deux tables généalogiques et nombreuses notices sur diverses familles, contenant la réfutation des mémoires contre les Pairs. (V. n° 308.)

SOUVERAINS DU MONDE

N° 303. — *Trois volumes, reliés veau du temps* (1722) ; *La Haye.*

Traduit de l'allemand de Bresler; avec de nombreux blasons ; détails exclusivement germaniques; quelques armoiries ont jusqu'à vingt cimiers.

SIMON (Henry)

N° 304. — Grand armorial de l'Empire Français. — *In-folio,* 70 *grandes planches de* 12 *blasons chaque, bien gravées* ; *Paris.*

Ce bel ouvrage officiel a 79 pages de texte pour la description des 840 armoiries gravées, exclusivement de concession napoléonienne, avec un abrégé de l'art du blason.

SUÈDE (Les princesses de)

N° 305. — 47 *pages* ; *Stockholm,* 1864.

Ces biographies intimes, avec détails de familles, ne s'occupent pas des mâles de la maison ; sont signées C.

N° 306. — Sveriges Konungaborg. — *Grand ouvrage en deux parties, de* 118 *pages et* 790 *pages avec* 600 *illustrations* ; *Stockholm.*

Ce travail de luxe, dédié au Roy Oscar II par Herman A. Ring, est en suédois.
Il donne la reproduction en photogravure des portraits anciens et modernes des souverains, princes et princesses.

SVERIGES OCH NORRIGES

N° 307.

Les blasons, uniformes de guerre et de Cour des monarques, et de leur maison, reproduits en héliogravure, sur des mannequins quand ils ne sont pas portés par les personnages. Les anciennes bannières, armoiries, etc.; les Ordres de chevalerie, et le détail de l'ameublement de toutes les pièces de réceptions officielles ou même intimes des différentes résidences, anciennes et modernes reproduits par divers procédés photographiques.

SOYECOURT (Le comte de)

N° 308. — NOTICE SUR L'ANCIENNE NOBLESSE DE FRANCE. — *In-8° de 272 pages; Paris, 1855.*

Contenant la réfutation des prétendus mémoires de Créquy. (Voir n° 340.)

STRADA (Flamianus)

N° 309. — HISTOIRE DE LA GUERRE DES PAYS-BAS. — *Deux volumes in-4° de 724 et 814 pages, reliés veau du temps, avec une dizaine de portraits dont celui d'Alexandre Farnèse, prince de Parme, gouverneur des Pays-Bas; Tournay, 1645, 1651.*

Cette traduction du latin est faite par le père du Ryer. Malgré sa partialité, l'auteur rend hommage au général Jean de Norreys dans ses campagnes de 1581, et dit qu'il avait plus de courage que de prudence.

Il eut la main coupée dans une rencontre aux côtés de **Guillaume de Nassau**. Dans une autre affaire, les troupes ennemies, avant le combat, avaient demandé à genoux le secours du ciel, à la vue de Norreys, qui se moqua de leur action et livra bataille, et il n'y en eut pas un de tué qui ne fût de commandement ou de marque des deux côtés.

Thane dit, volume 1, page 20, qu'il eut trois chevaux tués sous lui.

Lodge, volume II, page 228, raconte que le général échappa par miracle à un attentat d'assassinat à Anvers, en juin 1580.

SHARPS

N° 310. — GENEALOGICAL PEERAGE. — *Trois volumes; Londres*, 1830.

Cet ouvrage, sur un plan absolument différent des autres, renferme, classée alphabétiquement, la filiation des familles titrées avec leurs armes gravées.

De nombreux renseignements sur les alliances nobles de la famille, qui sont ailleurs dans des recueils similaires, aux n°s 12, 23, 24, 76, 77, 80, 115, 243, 284.

SYRIE

N° 311. — VOYAGE PITTORESQUE. — *Grand in-folio plano de plus de 200 planches.*

Au nombre de ces belles gravures, il y en a plus de trente qui représentent le pays concernant l'histoire de la famille par l'emplacement des fiefs de la maison de Norreys en Palestine. Il y en a quinze pour le Comté de Tripoli et autant pour le royaume de Chypre donnant une idée des beaux sites de la contrée dont on a vu la magnificence à un autre point de vue. (N°s 287-8.)

SCOTT (Sir Walter)

N° 312. — LÉGENDES DES CROISADES.

Les combats tragiques auxquels donna lieu **Mabil de Norreys**, inspirèrent le poète ; les romantiques histoires de sa vie sont autrement présentées que par d'austères écrivains avec un agréable arrangement des faits concernant la vie de cette châtelaine. On décrit sa tombe et la croix élevée en sa mémoire au Vigan.

D'autres auteurs ont écrit sur cette période du moyen âge ; on peut consulter pour cette demoiselle de Norreys : Les Traditions de Roby ; le Baronnage de Wotton ; les contes de Baines, etc., etc.

SAUVETAGE MARITIME

N° 313. — BULLETINS DE LA SOCIÉTÉ CENTRALE DES NAUFRAGÉS. — *Comptes rendus, in-8°*, 1866.

Dans la liste des membres, on trouve, comme fondateur, le commandant L.-N. Son diplôme de la Société, délivré sur la proposition du commandant Duchesne, est signé de l'amiral Rigault de Genouilly, au nom de l'Impératrice. L'original de cette pièce se trouve aux archives, section des manuscrits, avec les autres brevets de médailles d'honneur : de bronze, d'argent et d'or, délivrés au prince Ferdinand par le gouvernement impérial et par la République pour faits de sauvetage.

N° 314. — III° CONGRÈS INTERNATIONAL DE SAUVETAGE. — *Compte rendu des séances tenues à Florence, septembre 1880, sous le patronage de S. M. le Roy.*

La salle de l'ancien Sénat de Toscane fut offerte aux congressistes par le gouvernement italien.
Au nombre de ceux qui siégèrent comme conseillers, le prince Ferdinand, représentant français, 1er vice-président des sauveteurs des Alpes-Maritimes, siège à Nice, délégué et président d'honneur des Sauveteurs du Midi, siège à Marseille, et des compagnies de sauvetage du Rhône, membre des sauveteurs médaillés du gouvernement.

N° 315. — COMPTE RENDU DU Ier CONGRÈS DE SAUVETAGE. — *In-8°, de 253 pages, publié à Marseille*, 1879.

Dédicace du président Henri Silvestre, chevalier de la Légion d'honneur, etc., président de l'Institut de Sauvetage de la Méditerranée, au prince Ferdinand de L. de N., membre du Conseil de l'Institut de la Méditerranée, président d'honneur des sauveteurs de Marseille, de l'Aude et de l'Hérault, etc., etc.

N° **316**. — Compte rendu du II° Congrès international. — *Tenu à Paris*, 1879; 198 *pages, in-8°.*

Avec hommage sympathique du président au prince Ferdinand, fondateur de la Société de sauvetage des naufragés, ancien officier supérieur, médaillé et président d'honneur de la Croix-Rouge des sociétés de France, de Belgique, d'Espagne, d'Italie, de Suisse, des Vétérans d'Autriche, etc., etc.

SUISSE (Armorial)

N° **317**. — *In-4°, de plus de* 150 *pages, avec blasons coloriés à la main, sans nom d'auteur.*

Ce travail, probablement d'un amateur, donne une petite notice sur les familles au-dessous des armoiries, d'une exécution primitive; provenant de la vente Bachelin-Deflorenne, reliure au nom du Collège Héraldique de France.

SCIENCES (Association française pour l'avancement des)

N° **318**. — Blois, Rouen, la Rochelle, Alger, etc. — *Nombreux volumes in-8°, reliés, avec plans, vues et nombreuses gravures.*

L'année 1884 donne, page 305, une notice sur le château de Bury et, page 704, la mention que les matériaux provenant de la démolition de ce monument, un des plus beaux de l'époque, et qui ne le cédait qu'à Chambord, ont servi à la construction de divers manoirs des environs. On retrouve au châteaux des Montils, dans les colonnades, les blasons des Gaillart et des Robertet, provenant de Bury (Voir n°s 299, 320).

TOUCHARD-LAFOSSE

N° 319. — Histoire de Blois et de son territoire. — In-8°, de 451 pages, avec gravures; Blois, 1841.

Page 420 : Petite vignette représentant le château de Bury.

On trouve de même dans ce volume des notices sur Notre-Dame de Bourgmoyen, les églises de Saint-Solènne et de Saint-Calais. On sait qu'un membre de la famille jouissait des bénéfices presbytéraux de ces cures et abbayes par dispenses d'Alexandre VI, en date de 1497. (V. n° 49.)

L'État des évêchés de France, par Dom Beaumier (1743), est aussi à consulter sur la valeur des charges ecclésiastiques dont la famille a été revêtue.

A la nomenclature des procureurs généraux, on trouve Mathurin de Gaillart dans ceux du xv° siècle. C'est le père de Michel I°".

Les Actes de François I°" font mention, le 26 janvier 1515, de ceux signés, relativement à des gages de 250 livres, par Mathurin Gaillart. C'est le père de l'abbé Jacques de Bourgmoyen; il était avocat au Parlement et conseiller à la Cour des comptes en 1487. (V. Blanchard.)

Aux pages 141, 374, 399, il est dit : « Le baron d'Alluye, revenant d'Italie en 1515, après avoir signé la paix pour le Roy avec les Vénitiens, fit construire avec magnificence le **château de Bury**, etc. »

Cet homme d'État, que ses comtemporains surnommèrent « le grand », fit aussi construire l'hôtel d'Alluye, rue Saint-Honoré, dans la ville, etc., etc.

Quant à l'époque héroïque de Bury, sa magnificence souveraine ne devait céder qu'aux splendides constructions de Chambord.

Ce ministre de Louis XII, général des finances de François Ier, mourut en 1526 et laissa le château de Bury et l'hôtel d'Alluye à sa veuve, Michelle de Gaillart; elle mourut au château de Bury, en 1549, et fut inhumée dans la chapelle d'Alluye de Saint-Honoré de Blois, aux côtés de son mari. Elle était restée, jusqu'à ses derniers jours, la principale bienfaitrice de cette église. (V. pour ses domaines, pages 71-72.)

N° 320. — Histoire de Paris. — *Cinq volumes reliés, in-8°, avec vues et portraits; Paris,* 1834.

Tome IV, pages 158-159 : « Le 13 avril 1561, les protestants, en conséquence de l'autorisation qui leur avait été accordée, s'assemblent dans la maison d'un gentilhomme, nommé de Longjumeau... » Suit la relation des troubles du Pré-aux-Clercs, donnée ailleurs. (V. n°^{s} 92 et 121.)

N° 321. — Histoire intime de Charles-Maurice de Talleyrand, prince de Bénévent. — *In-8°, de* 338 *pages*; *Paris,* 1848.

TALLEYRAND-PÉRIGORD (Charles-Maurice de), 4° duc de Dino.

N° 321 *bis.* — Au pays du silence. — *In-8° de* 117 *pages; Paris,* 1895.

THIÉBAULT

N° 322. — Influence d'une noblesse héréditaire. — *In-8°, de* 140 *pages; Paris,* 1825.

TOURTOULON (Ch. de)

N° 323. — L'hérédité de la noblesse. — *In-8°, de* 46 *pages; Paris,* 1862.

TITRES PRINCIERS FÉODAUX

N° **324**. — L'Intermédiaire des chercheurs. — *Année* 1899, 15 *et* 30 *novembre*, 7 *décembre*.

On donne le titre princier de Longjumeau dans la liste féodale.

Il est d'extraction royale, selon nous. Son origine est dans les lettres royales de 1521, par lesquelles le souverain sur le trône légitime sa sœur, déjà reconnue par son père, en spécifiant qu'elle succède aux droits et titres des princes du sang, héréditairement, elle et ses enfants, nés et à naître, etc, etc. Cette rédaction, des plus nettes, quant au titre de prince, est ailleurs ; inutile d'y revenir ; mais il n'est pas féodal dans la pure et correcte acception du mot. Comme pour les Norreys, qui jouissaient de droits souverains personnels du temps de la féodalité, et qui leur venaient d'immunités de chevalerie connues ; barons tenant fiefs, francs par l'épée ; pour les Longjumeau, ce sont des lettres royales qui reconnaissent le titre de prince par fait de consanguinité à transmettre héréditairement par mariage, après celui de 1512.

M. Borel d'Hauterive dit, en 1845 : « Le titre de prince se donne en France, comme dénomination générique, à tous les rejetons du sang royal. »

Belleforest écrit : « Les légitimés se qualifient princes, à la différence des princes de la Couronne, ayant droit à la succession au trône, et sont encore princes comme parents du Roy du côté des femmes. »

Cependant, Louis XIV en décida autrement par ses édits de 1714, où il donne le droit de succession au trône à ses bâtards, même adultérins.

Ceux qui étaient nés de jeunes filles nobles et libres de tout lien de mariage n'avaient pas une tache aussi infamante à effacer ; leur légitimation ne souffrait pas les mêmes difficultés, autant de l'Église que de l'honneur, et quand des lettres spéciales étaient délivrées par le Monarque régnant en leur faveur, spécifiant la transmission à leur descendance, le titre de prince est régulièrement d'origine royale. (V. n° 47.)

Le comte de Sémainville, dans son Code de la noblesse, dit : « Les descendants des souverains en ligne féminine ont le titre de prince ; et légitimés, les bâtards reconnus de France ont rang et qualité de prince, la légitimation effaçant le vice de la naissance. » (V. n° 301.)

Guyot, dans son Répertoire de jurisprudence, dit : « Les princes de descendance féminine ont toujours joui de leurs honneurs. »

Loyseau ajoute : « On peut tenir pour vrais princes ceux qui sont sortis de maison souveraine. Le titre de cousin du Roy leur appartient; attribué aux grands de la noblesse descendant de nos Roys, comme une des plus hautes dignités nobiliaires. » (V. n° 201.)

Les cousins naturels du souverain avaient, en leur qualité et en raison de leur parenté, la préséance dans les lieux où les rangs devaient être marqués. Les parents collatéraux en ligne féminine étant descendus, comme en ligne masculine, d'un ancêtre royal commun.

« La proximité de l'alliance avec la famille royale, affirme le comte de Boulainvilliers, donnait un rang plus considérable que les premières charges de Cour. »

André de la Roque dit que les membres de la famille d'Harcourt, apparentés en France et en Angleterre aux maisons royales, avaient droit au rang et à la qualité de prince. Jean d'Harcourt, mort le 24 juin 1485, fils de Robert et de Marguerite de Byron, épousa Anne, fille de **Jean IV de Norreys, baron de Bray**; et une autre Anne, fille de Roger de Norreys, épousa également un autre **Jean d'Harcourt**.

Le seigneur d'Estouteville, marié à une fille de Jean IV d'Harcourt, fut même admis aux honneurs de la préséance en qualité de la parenté de sa femme.

Jean Des-Cars, seigneur de la Vauguyon, fils de François et d'Élisabeth de Bourbon-Carency, s'intitula prince, et ce titre fut même transmis par plusieurs substitutions à ses descendants.

Henry de la Mark, seigneur de Sedan, après son mariage avec Françoise, fille du duc de Montpensier, en 1558, prit le titre de prince, qu'il transmit à son gendre, Henry de la Tour, dont les descendants portent encore le titre de prince.

Françoise, morte en 1587, était fille de Louis de **Bourbon-Montpensier**, né en 1513, et de Jacqueline de Longvy, et petite-fille de Jean de Longvy, qui avait épousé Jeanne, fille non légitimée de Charles de Valois, et par conséquent sœur de **Souveraine**, légitimée, qui épousa Michel de **Longjumeau**, dont, par cette alliance, les enfants étaient cousins germains de ceux de Bourbon-Montpensier. De même que ceux de son frère, qui, épousant Renée d'Anjou, fut arrière-grand-père de la « grande mademoiselle », née en 1627; et sa sœur Charlotte, qui épousa en 1574 Guillaume IX de Nassau, fut arrière-grand'mère de

Frédéric-Guillaume de **Hohenzollern**, électeur de **Brandebourg**, né en 1620, à la tête de la dynastie des Roys de Prusse, et également arrière-grand'mère de Sophie, née en 1630, qui épousa Ernest-Auguste de **Brunswick**, électeur du **Hanovre**, à la tête de la maison régnante d'Angleterre. (V. n° 188, X.)

Jean II de Longjumeau, fils unique, né le 25 mars 1630 † 1717, cinquième aïeul du prince Ferdinand, était, par conséquent, cousin issu de germain au cinquième degré droit canon de cette princesse Sophie, de son frère Charles-Louis et de Frédéric Guillaume.

Quant à ce frère aîné de Sophie, Charles-Louis né en 1617, il épousa Charlotte de Hesse-Cassel, et une de ses filles, née en 1624, fut la femme de Philippe I*er*, **duc d'Orléans**, à la tête de la famille des prétendants de France de nos jours, par la descendance ci-dessus apparentée au prince de Longjumeau de Norreys, unique représentant des deux maisons princières de Norreys et de Longjumeau.

Le dernier, duc de Candale, prenait le titre de prince à cause de sa mère, fille bâtarde de Henri IV.

C'était Gabrielle, née en 1603, morte en 1627, fille de Henriette, morte en 1633, marquise de Verneuil, fille de François de Balzac; elle n'avait jamais été légitimée.

Ce François était fils de Guillaume de Balzac et de Louise d'Humières, frère de Thomas de Balzac d'Entragues, seigneur de Montagu, qui épousa Anne de Longjumeau. (V. n° 1 et pages 161, 184.)

Hélie de Talleyrand prit, du chef de sa femme, le titre de prince de Chalais.

Les marquis de Faucigny-Lucinge portent le titre de prince depuis 1828, après le mariage du 8 octobre 1823, de Ferdinand avec Charlotte, née le 13 juillet 1808, du duc de Berry et de M*lle* Amy Brown, née le 8 avril 1783, morte le 7 mai 1876, fille de John Brown et de Marie-Anne Deacon.

Créée comtesse d'Issoudun le 10 juin 1820. Ce fait admettait implicitement son origine, mais ne la reconnaissait aucunement comme fille du duc de Berry, même au titre de bâtarde, et ne la légitimait pas en tout cas, et dans aucun acte il n'en est question.

Le Roy Charles X reçut son mari le 13 mars 1829, aux honneurs de la cour avec la qualité de prince, sans que le titre porté depuis ait eu à cette époque des lettres souveraines ou brevet enregistré dans la suite.

Le comte de Montlear, épousant une princesse de la maison de Savoye, reçut un diplôme portant titre de prince créé en sa faveur

Victor-Amédée II reconnut sa fille naturelle, Victoire-Françoise, qu'il avait eue de la comtesse de Verne, à l'occasion de son mariage, le 8 novembre 1714, avec le prince de Carignan, lieutenant-général en France, et par ce mariage fut le trisaïeul direct de **Charles Albert**, qui devint **Roy de Sardaigne** par la mort de son cousin au quatorzième degré, droit romain, Charles Félix.

La sœur légitime de Victoire-Françoise épousa Philippe V, Roy d'Espagne, d'où tous les Bourbons de ce côté. Elle et son frère, le **Roy Charles-Emmanuel III** avaient **Michelle de Longjumeau** pour septième aïeule, car elle était quadrisaïeule d'Élisabeth de Bourbon, qui épousa Charles-Amédée de Savoye, à la tête de toute cette lignée royale.

TABLEAUX GÉNÉALOGIQUES DE LA DYNASTIE CAPÉTIENNE

N° **325**. — *In-4° de 56 tables de filiation, deux tables de classification.*

Ouvrage des plus complets. Le comte Jules Boselli, ancien magistrat, a fait imprimer avec luxe, par l'Académie héraldique, ces pages contenant tous les descendants de nos Roys.

A la table des Maisons issues du sang royal, on trouve la famille, et à l'introduction, page VI, l'auteur dit que : « la maison des anciens seigneurs **de Longjumeau** descend en ligne directe de la maison des Roys de la race de **Valois** par le mariage de Souveraine d'Angoulême, légitimée en 1521. »

DICTIONNAIRE TOPOGRAPHIQUE DES ENVIRONS DE PARIS

Jusqu'à vingt lieues à la ronde

N° **326**. — *In-8° de 689 pages en deux colonnes, relié dos veau fauve, orné; Paris,* 1817.

Cet ouvrage, de M. Charles Oudiette, dit, page 465 : « Le château de Chilly-Longjumeau est un des plus considérables des environs de Paris par sa superbe architecture et par ses décorations intérieures et extérieures. La terre a toujours été possédée par des familles de premier rang. A Longjumeau, il y avait une Commanderie de l'Ordre de Malte. » (V. n° 89.)

L'UNIVERS

N° 327. — Histoire de tous les peuples. — *In-8°
avec nombreuses gravures.*

La période des Tudors, tome II, page 62, par MM. L. Galibert et C. Pellé. Ces historiens, à leur citation du tournoi du 1ᵉʳ mai 1536, reconnaissent que Smeaton seul fut pendu. La noble conduite de Norreys, qui refusa la vie que lui offrait le Roy, et la courageuse attitude de ce chevalier devant la mort fait l'objet de leurs éloges. On voit, du reste, dans la collection des papiers d'État, volume V, 1ʳᵉ partie, pages 198 et 435, que ce noble cœur se rendit au billot à cheval, en chevalier armé de toutes pièces.

Strikland ajoute, dans sa Vie des Reynes, en 10 volumes, publiée en 1844, que Norreys seul avait ses entrées libres chez le Roy à toute heure, que sa faveur était des plus grandes, et que de tous les gentilshommes c'était celui qu'il affectionnait le plus.

Avant d'avoir été vainqueur au tournoi de 1536, pour être porté au pied du billot pour le sourire d'une Reyne, le beau bouclier des Norreys avait eu son éclat en France. Au **Camp du drap d'or**, il brilla dans les journées de juin 1520, entre Ardres et Guines en Picardie.

Dans les Monuments de la Monarchie française, Bernard de Montfaucon place deux chevaliers du nom aux joutes du 16 juin. M. d'Anesy, vice-président de la Société des Antiquaires de Normandie, comme Ducarel dans sa liste publiée en 1767, donnent le nombre de chevaux, écuyers et pages de Henry et Richard de Norreys dans le détail des fastes de ces somptueuses journées.

N° 328. — Chypre et son histoire.

M. Louis Lacroix, dans son volume de cette collection, parle des îles de la Grèce, page 63.

Jacques de Norreys partit de Famagouste le 12 avril 1361, et s'en fut assiéger Satalie ; une fois dans la place, il résista avec une intrépidité héroïque à l'assaut du retour d'une armée formidable, etc.

Cette défense de Satalie ralluma la guerre religieuse.

Le Roy Pierre Iᵉʳ se rendit en Europe pour appeler les Roys et les princes chevaliers latins à la Croisade, etc., etc.

Dans le Livre d'or de la noblesse française par de Magny, on trouve le nom de Norreys aux Croisades en 1242.

VERTOT (L'abbé de)

N° 329. — HISTOIRE DES CHEVALIERS DE MALTE. — *Sept volumes reliés veau du temps* (1771-1772).

A la page 38 du 7ᵉ volume, il y a une liste incomplète pour la famille des membres reçus dans l'Ordre souverain. Celle de la Roque est plus complète avec celle des n°ˢ 59 et VI, 188.

A la page 271, il y a la réception du 26 janvier 1654, à la langue de France de Denis de Gaillart, **baron de Courcy**, né en la dite baronnie, sise aux Loges, près d'Orléans, qui fut, en 1751, érigée en Marquisat.

Ce titre de baron de Courcy était porté par une branche cadette formée par Louis, fils puîné de Michel III et de son épouse, Louise **d'Ailly-Nesles de Sains.** (V. pages 116, 126, 149.)

Ce Denis, paternellement et maternellement, était de descendance royale, qu'il ne faut pas confondre avec un autre Denis, qui forma aussi une branche, mais sans droit à la même lignée souveraine.

Il y a une petite erreur de lecture en blasonnant les armoiries de ce chevalier. C'est de Rouvroy Saint-Simon qu'il faut dire :

De Rouvroy : de sable à la croix d'argent chargée de cinq coquilles de gueules.

De Boubers : d'or à la croix de sable chargée de cinq coquilles d'argent.

De Hangest : d'argent à la croix de gueules chargée de cinq coquilles d'or.

Jacqueline, fille de Gilles Rouvroy de Saint-Simon, chambellan de

Charles VII, tige des Ducs et pairs de ce nom, et de Jeanne, fille de Robert de Flocques, **maréchal héréditaire de Normandie**, épousa Waleran d'Ailly, chevalier, seigneur de Sains, **Grand échanson de France**, bailli et gouverneur de Senlis. Ils furent grand-père et grand'-mère de Louise, épouse de Michel III, et mère du chevalier Denis.

Les armes des Hangest, que Vertot donne, sont semblables à celles des Saint-Simon, sauf les émaux ; de là l'erreur dans la lecture d'une gravure d'un blason sans hachures.

Les armes de Hangest sont d'alliances beaucoup trop éloignées pour paraître dans les preuves de seize quartiers de Denis, baron de Courcy, fils de Michel de Longjumeau, baron de Chilly, mais elles paraissent dans d'autres filiations, ainsi que celles de Boubers, qui sont également à la croix chargée de cinq coquilles, et qui peuvent se confondre dans de mauvaises gravures. Elles sont portées par les cousins germains de ce chevalier de Malte. Sa grand'tante, Rachel de Longjumeau, sœur de son grand-père, ayant épousé, en 1575, **Jacques de Boubers, vicomte de Bernatre**, dont toute la famille de nos jours descend.

Nom maintenant porté par substitution, par M. Charles Law de Lauriston, ingénieur, né à Nantes en 1825. Cette famille remonte à William Law, frère du fameux spéculateur venu d'Écosse en France, et mort à Venise. Une des dernières demoiselles de Boubers épousa le baron Renouard de **Bussières**, dont une fille est la comtesse **E. de Pourtalès**.

VATOUT de l'Académie française.

N° 330. — LE CHATEAU D'AMBOISE. — *Un volume in-8°, de 561 pages; Paris,* 1845.

Sans bien grand intérêt pour la famille, il est cependant question d'elle, sa situation est établie : Catherine comme une des dix demoiselles d'honneur de la Reyne Anne de Bretagne, en 1498; le général des Finances, Michel Ier, y est de même nommé aux pages 146, 176, 438, 456, 465, 484, etc. (V. n° 94.)

N° **331**. — LE CHATEAU D'EU. — *Cinq volumes reliés in-8°*; *Paris*, 1836. *Autre édition en un volume de 477 pages de* 1852.

427 portraits historiques ont leur notice dans ces volumes; on y retrouve de nombreuses parentés.

N° **332**. — GALERIE D'ORLÉANS. — *Trois volumes de 4 à 500 pages in-8° reliés*; *Paris*, 1825.

On retrouve de même, dans l'historique de ces portraits, de précieuses notes pour la famille; un grand nombre des personnages représentés descendent de la maison des seigneurs de Longjumeau.

N° **333**. — GALERIE HISTORIQUE DE VERSAILLES. — *Six volumes in-8°, Imprimerie Royale*; *Paris*, 1839 *et* 1840.

Les notices biographiques sur les portraits servent, comme dans les ouvrages précédents, à documenter les liens de parentés.

Le volume VI, de 544 pages, renferme 242 blasons gravés de la salle dite des Croisades. (V. n° 118.)

VIGNY (Alfred de)

N° **334**. — CINQ-MARS.

L'œuvre littéraire n'est pas à examiner, mais quelques notes sur le titre de marquis de Longjumeau, que portait le héros de cette histoire, et qui lui venait de son père, sont à donner.

Pernelle, dame de la Harpinière, qui donna lieu aux certificats de d'Hozier pour une parenté royale, était fille unique de Michel, seigneur de Longjumeau, et de son premier mariage avec Marguerite

Berthelot de Beaulieu, dame du dit lieu et de la Harpinière. Elle épousa Louis de Ruzé, bailli de Melun; elle eut une nombreuse postérité. Son fils, Jean, hérita des fiefs de la Harpinière et de Beaulieu.

Henry de Ruzé, marquis de Cinq-Mars, de Domartin et de Longjumeau, décapité le 12 septembre 1642, descendait en ligne directe de cette union.

Son père Antoine Coiffier, marquis d'Effiat, maréchal de France, etc., hérita de son grand-oncle maternel, Martin **de Ruzé de Beaulieu**, de la baronnie de Longjumeau, qui avait été érigée en Marquisat en 1626, en même temps que de ses grands biens, à charge de prendre son nom et ses armes.

Ce Martin Ruzé, secrétaire d'État, était arrière-petit-fils de Jean, fils de Pernelle de Longjumeau, qui avait épousé sa cousine Guillaumette-Berthelot. Martin mourut sans postérité; sa sœur, Bonne Ruzé, avait épousé Gilbert Coiffier, c'est donc son petit-fils, le maréchal, qui hérita du tout.

Son fils aîné n'eut qu'un fils, mort sans postérité le 3 juin 1719, de son épouse, Isabelle d'Escoubleau de Sourdis, fille de Charles de Sourdis, marquis d'Alluye, titre qui lui venait de son arrière-grand'mère, Michelle de Longjumeau, baronne d'Alluye.

Il y aurait eu là une double origine de parenté pour la descendance mâle du **Maréchal**, mais son fils aîné n'ayant laissé qu'un fils sans postérité, ses biens étaient réversibles sur le cadet, qui fut décapité. Son autre frère étant dans les Ordres, prieur de Saint-Éloy de Longjumeau et abbé de **Saint-Sernin de Toulouse.**

Ces immenses biens passèrent au quatrième enfant, une fille, Marie, baptisée à Sainte-Geneviève, le 23 février 1614, qui épousa Charles de la **Porte de la Meilleroy**. On peut voir chronologiquement la suite de cette postérité au tableau XIX, catalogué ici au n° XI, pages 113, 186.

Héritages dont ont profité successivement les de **Durfort**, puis les **d'Aumont**, pour tomber entre les mains de Florestan de Goyon-Grimaldi, prince de Monaco.

VALENTIN (F.)

N° 335. — Histoire de Venise. — *In-8°, de 312 pages, relié, avec gravures sur acier; Tours,* 1840.

Autres éditions de 1866, *de* 280 *pages et de* 1881 *de* 210 *pages.*

Page 220 : Au mois d'août 1570, les Turcs dirigent leurs efforts contre Nicosie; Jacques de Norreys, commandant l'artillerie, repoussa trois assauts avec un courage héroïque. Il se fit tuer sur la brèche, etc., etc. (V. page 151.)

On conserve dans l'histoire la bravoure d'un autre général de Norreys, du même prénom, ce qui fait que certains historiens les confondent, à cause d'une similitude de faits; mais l'autre c'est au siège de Satalie qu'il se distingua, en 1362, contre l'armée du Turc Taca.

Le tome Ier, de 1846, de la bibliothèque de l'École des Chartes, rend compte des actions de grâce de l'évêque pour la délivrance de la place par Jacques de Norreys, dont l'indomptable courage et l'inaltérable fidélité avaient su tout vaincre. (V. n° 328.)

VINCENT (Le baron de)

N° 336. — Étude sur la noblesse. — *In-8°, de* 64 *pages; Paris,* 1858.

VAUX (Le baron de)

N° 337. — Les tireurs au pistolet. — *In-8°, de* 261 *pages, avec tables, nombreuses vignettes et portraits; couverture parchemin; Paris,* 1883.

Préface de Guy de Montpassant et lettre du prince Georges Bibesco. Des pages 223 à 225, notice sur le comte de L. de N., avec portrait en uniforme, Versailles pendant les premiers jours de la Commune. (V. n°[s] 160, 200.)

VASILI (Le comte Paul)

N° **338**. — La Société de Berlin. — *In-8°, de 260 pages, tirage à part, belle reliure, dos et coins parchemin; Paris,* 1884.

N° **339**. — La société de Vienne. — *In-8°, de 443 pages, belle reliure aux armes du comte Léon Vandalin Mniszech; Paris,* 1885.

N° **340**. — La société de Madrid. — *In-8°, de 287 pages; Paris,* 1886.

Ces histoires viennent des racontars réunis du salon de Mme Adam qui, du reste, en a fait la publication, le comte n'ayant jamais existé ; — il y a un comte Basili (le *b* et le *v* grec serviraient donc de confusion) — et quoique étant moins généalogiques que ceux de Causen, dit de Courchamps, publiées sous le nom de la « marquise de Crequy », ces biographies peuvent avoir un intérêt historique.

Le nom de la marquise étant venu, il est bon de dire, en fait de généalogie, qu'elle était doublement de la maison des seigneurs de Longjumeau.

Louise de Balzac, fille d'Anne de Longjumeau, épousa en 1570 Jean de Crequy, d'où toute cette maison. Mais, comme jeune fille, la marquise était une demoiselle de Froulay, Renée-Caroline, née en 1714 † 1803, qui épousa en 1737 Louis de Crequy, né en 1705 † 1741, Son arrière-grand-mère était Françoise, fille de Michelle de Longjumeau, dame d'Alluye et de Bury.

VIARD

N° **341**. — Recueil des époques les plus intéressantes de l'histoire de France. — *Un volume in-8°, de 398 pages, relié, avec grand tableau chronologique depuis Pharamond jusqu'à Louis XV (de 60 centimètres sur 80 centimètres, cadre fleurdelisé), nombreuses petites gravures et allégories historiques; Paris,* 1789.

DE WAROQUIER DE COMBLES (Le comte)

N° 342. — Tableau généalogique et historique de la noblesse. — *Neuf volumes reliés veau plein du temps, avec blasons*; Paris, 1786-1788-1789.

Volume I, page 9, Michelle, fille du seigneur de Longjumeau et de sa deuxième femme, épouse Florimond Robertet; épitaphe de cette seconde épouse, Marguerite Bourdin, du 9 septembre 1501, qui se trouve aux Blancs-Manteaux.
Cet auteur est un de ceux qui font Denis, fils de Michel Ier et de cette Marguerite Bourdin de Villènes, dame de Puteaux-sur-Seine, ce qui l'écarte entièrement de la descendance royale prouvée ailleurs par pièces originales. (V. pages 29, 145.)

Volume II, page 142, mariage de Marie, sœur de Jean de Morvillier, évêque d'Orléans, avec Guillaume Bochetel; que tous deux testèrent à Issoudun, le 21 novembre 1551, avec codicille de 1558, leur descendance est dans les familles de Bochetel de Sassy, de Castelnau, dont deux **maréchaux de France**, etc.

Volume III, page 92, notice sur la baronnie **de Brou**, une des cinq du Perche, où l'on compte 500 feux; elle était à Florimond Robertet, son fils ayant épousé Jacqueline Hurault de Chiverny, dont une fille unique, Françoise, qui, épousant Tristan de Rostaing, porta cette baronnie avec celle de La Guerche dans la famille de Rostaing, dont une nombreuse lignée existe encore de nos jours.
Volume V, page 54, alliance Robertet; page 165, Dominique-Gaspard de Gaillard, chevalier de Malte, commandeur de Valence.

Volume VI, page 336, notice sur **Bury**, de 50 feux, érigé en baronnie en 1566.

Page 425, notice sur la **baronnie de Courcy**, achetée par Jacques-Louis-François Roussel en 1735; page 372, notice sur la **baronnie de**

Chacenay, en Champagne, appartenant à Claude d'Anglure, épouse de Gallard de Sallazar, père de Bernarde, qui fut grand'mère de Nicolas de Gaillart de Longjumeau, chef de la branche aînée de la famille issue de Souveraine de Valois, légitimée de France et 8ᵉ aïeul du prince Ferdinand.

Au volume IX, page 319, il y a une notice sur la baronnie de **Saint-Estève**, avec une courte généalogie de la famille. L'auteur fait Denis fils de Michel Iᵉʳ et de Marguerite Bourdin, le plaçant ainsi né avant l'alliance royale, qu'il dit contractée par son frère Michel. Ce qui fait constater que la famille issue de ce Denis ne descend pas de Souveraine de Valois, qu'il dit du reste avoir été légitimée par le Roy en 1521.

Il dit que la branche de Picardie s'éteignit en 1680. Nous avons, aux archives, des preuves de noblesse signées par d'Hozier, le 19 janvier 1687, qui permettent d'établir le contraire, ainsi que les maintenues de noblesse du 10 septembre 1707 en faveur de Nicolas de Gaillart de Longjumeau, seigneur de Ramburelles, Tully, Erondelle, le Fayet, qui avait épousé Gabrielle **Trudaine** de Dreuil, fille du trésorier général de France en Picardie et de Claudine de **Trouville-Merelessart**.

Ce Nicolas avait un frère, Charles, capitaine au Royal-Picardie, et était fils de Charles, seigneur des mêmes fiefs, mort en 1693, et de Jeanne, qu'il épousa le 22 juin 1660, fille de Nicolas **Le Bon de Béthencourt**, trésorier de France en Picardie, et de Marguerite de Pingré et petit-fils de Louis, chambellan du prince de Condé, mort en 1626, ayant épousé, le 8 avril 1619, Barbe, fille unique de Jacques d'Oudart de Fontaines de Ramburelles et de Gabrielle de Rodde, dame de Tully. Le frère de ce 1ᵉʳ Charles, Geoffroy, capitaine au régiment de Rouvroy, avait épousé Suzanne, fille de Jacques le Clerc, dame de la Rodderie en Ponthieu.

Ces neuf volumes ont une table annexée pour le répertoire des articles concernant la famille et qu'il est impossible de reproduire ici, autrement que pour mémoire.

DE WATTEVILLE (Le baron O.)

Nº **343**. — ETUDE SUR LES DEVISES PERSONNELLES ET LES DICTONS POPULAIRES. — *In-8º de 40 pages; Paris, 1888.*

DE WEYDEMAYER (Alexandre)

N° **344**. — Tableaux généalogiques de la Russie. — *Grand in-folio plano de* 16 *grands tableaux en couleurs; Saint-Pétersbourg*, 1828.

Ce travail est fait sur les plans de Le Sage (le comte de Las-Cases); très clair, il expose les filiations historiques avec statistiques, depuis 1015 est même 862 jusqu'à nos jours, des Tzars et de leurs alliances.

WRIGHT (Thomas)

N° **345**. — Queen Elisabeth and her time. — *Deux volumes in-8°, belle reliure plein veau vert, filets or, dos orné*; 1838.

On ne peut que renvoyer aux pages de cet ouvrage pour l'historique de la famille, où l'on voit plusieurs orthographies du nom des membres de la même famille à la même époque. Cependant, dans la copie que l'on donne de diverses lettres de membres de la famille, notamment dans celles du général Jean à la Reyne et aux personnages de la cour, on constate qu'il signe **Norreys**. (V. XII, XIV, du n° 192.)

Il nous semble que l'on devrait, une bonne fois pour toutes, ramener l'orthographie d'un nom à une formule régulière, et se baser sur la manière dont un personnage écrit lui-même son nom, sans s'égarer dans des erreurs de scribes, et perpétuer des fautes attribuées à l'impression, qui jettent l'incertitude dans l'acceptation de documents émanant de membres reconnus de la même famille à la même époque.

Que serait-ce, pour un historien, de s'égarer ainsi quand il s'agit de différents pays où la langue demande des changements et où, dans le cours des siècles, un nom n'importe lequel change, même dans la prononciation, s'il n'observait pas la règle immuable de prendre une seule manière d'écrire, la même chose, l'homme désigné, de manière à l'identifier avec ceux de sa race? (V. pages 17, 25, 53, 76, 119, 121.)

La curiosité étymologique n'a pas à entrer dans la relation de faits courants que l'on veut grouper pour l'histoire d'une famille. C'est le fait d'un tout autre travail, sans cela, on pourrait citer le château de Brix, près de Cherbourg, berceau des Roys d'Écosse, dont le nom est devenu Bruce, après avoir été Bris, Brus avec mille autres exemples. (V. n°⁾ 212, 223, 224.)

VOLUMES DIVERS

OUVRAGES D'HISTOIRE NATURELLE

DICTIONNAIRE DE MÉDECINE

 N° **346**. — *Trente volumes in-8°, reliés, 2° édition*; *Paris*, 1833.

Répertoire pratique des sciences médicales par une réunion de professeurs.

MOUQUIN-TANDON, Membre de l'Institut.

N° **347**. — ZOOLOGIE MÉDICALE, ANIMAUX UTILES A LA MÉDECINE ET CEUX NUISIBLES A L'HOMME. — *In-8° de* 451 *pages*, 2° *édition avec* 150 *figures, relié dos veau grenat*; *Paris*, 1862.

BOCQUILLON

N° **348**. — HISTOIRE NATURELLE MÉDICALE. — *Deux volumes in-8° de* 612 *et* 1.268 *pages, reliés, dos veau chagrin vert, orné filets d'or avec tables et* 415 *figures*; *Paris*, 1871.

BOUCHARDAT

N° **349**. — NOUVEAU FORMULAIRE MAGISTRAL. — 600 *pages, relié*; *Paris*, 1862.

BERGERET, Médecin de l'hôpital d'Arbois.

N° **350**. — Des fraudes dans l'accomplissement des fonctions génératrices. — *In-8° de* 228 *pages*; *Paris*, 1844.

AUBER

N° **351**. — Hygiène des femmes nerveuses. — *In-8° de* 576 *pages*; *Paris*, 1844.

ANTHROPOLOGIE

N° **352**. — *Atlas de* 20 *planches gravées*; *Paris*, 1859.

CAZIN (J.-F.)

N° **353**. — Traité pratique des plantes médicinales. — *Un volume in-8° de* 1.189 *pages et* 40 *planches coloriées, relié*; *Paris*, 1868.

CROS (Le Dr Antoine)

N° **354**. — Organographie plessimétrique. — *Atlas de* 40 *pages avec planches*; *Paris*, 1884.

KLEIN (Théodore)

N° **355**. — Ordre naturel des Oursins de mer et fossiles. — *In-8° de* 235 *pages, relié veau du temps, portrait de l'auteur, ouvrage traduit du latin*; *Paris*, 1754.

Ouvrage augmenté de six planches du cabinet de M. de Réaumur, suite des vingt-deux gravées des oursins de toutes les espèces avec leurs divers noms.

DEBAY

N° **356**. — Hygiène et physiologie du mariage. — *In-8° de* 463 *pages, relié*; *Paris*, 1857.

DE FRARIÈRE

N° **357**. — Éducation antérieure, influences maternelles pendant la gestation. — *In-8° de 258 pages*; *Paris*, 1862.

DUFRESSE DE CHASSAINGE (Le D\^r)

N° **358**. — Traitement de l'anévrisme du cœur. — *In-8° de 412 pages*; *Paris*, 1877.

DELESTRE

N° **359**. — De la physiognomonie. — *Grand in-8° de 508 pages avec dessins, gravures et écritures*; *Paris*, 1866.

DERBAROLLES

N° **360**. — Les mystères de l'écriture. — *In-8° de 513 pages, fac-similé de toutes les écritures*; *Paris*, 1870.

GAUDET (Le D\^r)

N° **361**. — Recherches sur les effets hygiéniques des bains de mer. — *In-8° de 427 pages*; *Paris*, 1844.

LA SANTÉ

N° **362**. — Journal médical et scientifique. — *Années* 1869-1870.

MARCHEFF-GIRARD (M\^lle)

N° **363**. — Des facultés humaines et de leur développement par l'éducation. — *In-8° de 444 pages*: *Paris*, 1865.

GRAVE (Le D^r), Traduction Valère.

N° 364. — Physiologie de la reproduction. — *Méthode sûre et naturelle de la conception.*

LE PILEUR (Le D^r)

N° 365. — Le corps humain. — *In-8° de 338 pages illustrées de 45 vignettes; Paris,* 1868.

PHILIPPI (Le Dr Albert)

N° 366. — Thèse soutenue le 19 juin 1873. — *In-4° de 44 pages; Paris.*

Avec dédicace : « A mon bon ami le commandant L.-N., excellents souvenirs de nos relations de la campagne de 1870-1871, et de nos bons jours de Paris, 1872-1873. »

Le Docteur, élève de l'école de Strasbourg, fit la campagne de 1870.

PIOGER

N° 367. — Poisons et contre-poisons. — *Paris,* 1854.

ORFILA

N° 368. — Traité des poisons, toxicologie générale. — *Deux volumes de 758 et 719 pages, reliés; Paris,* 1826.

ROUGET (Ferdinand)

N° 369. — Traité de physiognomonie. — *146 pages; Toulouse,* 1869.

N° 370. — Art de vivre longtemps en bonne santé. — *Traité des aliments,* 163 *pages; Toulouse,* 1868.

VIALANEIX (Charles)

N° **371**. — Étude sur la fièvre syphilitique. — *Paris*, 1889.

CONSTANTIN JAMES (Le D^r)

N° **372**. — Guide aux eaux minérales. — *In-8° de 733 pages, relié toile, 9e édition, nombreuses gravures, carte et tables*; Paris, 1875.

CONGRÈS INTERNATIONAL DE MAGNÉTISME

N° **373**. — Le magnétisme humain appliqué au soulagement et a la guérison des maladies. — *In-8° de 570 pages*; Paris, 1890.

Rapport général du Congrès international de magnétisme, ouvert le 21 octobre 1889. Compte rendu des séances; le comte de Constantin, président, M. de L. de N., membre, conseiller.

BARADUC (Le Dr H.-A.-P.)

N° **374**. — Études théoriques et pratiques des affections nerveuses. — *In-8° de 289 pages, relié, dos veau filets or*; Paris, 1850.

CHEVILLARD

N° **375**. — Étude sur le fluide nerveux. — *In-8° de 118 pages*; Paris, 1882.

Précédé d'un aperçu sur le magnétisme animal.

CULLERRE (Le Dr A.)

N° **376**. — Magnétisme et Hypnotisme. — *In-8° de 358 pages, 28 figures*; Paris, 1887.

Les phénomènes du sommeil nerveux.

MANUEL DE SANTÉ TINTAMARESQUE

N° 377. — Cours d'Idiopathie. — 123 *pages*; *Paris*, 1869.

DELBOEUF

N° 378. — Lettres au professeur Thiriar. — *In-8° de* 121 *pages*; *Liège*, 1888.

De l'hypnotisme et de la liberté des représentations publiques.

CHARLES HUE

N° 379. — Le vrai et le faux magnétisme. — *In-8°, de* 100 *pages*; *Paris*.

LUYS (Le D^r)

N° 380. — Application thérapeutique de l'hypnotisme. — *In-8° de* 23 *pages*; *Paris*, 1889.

BERNHEIM (Le D^r)

N° 381. — De la suggestion. — *In-8° de* 110 *pages*; *Paris*, 1884.
A l'état hypnotique et à l'état de veille.

LAFONTANNIE

N° 382. — L'art de magnétiser, considéré au point de vue thérapeutique. — *In-8° de* 424 *pages*; *Paris*, 1860.

RAYMOND

N° 383. — Le magnétisme en huit leçons.

FOVEAU DE COURMELLES (Le Dr), Licencié en droit.

N° 384. — L'Hypnotisme. — *In-8° de 373 pages, avec 42 vignettes; Paris, 1890.*

JULIEN (A.)

N° 385. — Tous les vignobles connus avec leur topographie. — *In-8° de 580 pages, avec table, 3° édition; l'indication du genre et de la qualité des produits de chaque crus avec une notice sur les vignobles de l'antiquité et une classification générale des vins de France et de l'étranger; Paris, 1832.*

ALMANACH DE BACCHUS

N° 386. — L'élite des chansons depuis l'origine de la poésie Française. — *In-12° de 218 pages avec illustration et table; Paris, 1810.*

LE PELLETIER (Émile), Avocat, juge de paix.

N° 387. — Vices rédhibitoires des animaux domestiques. — *In-8° de 288 pages; Paris, 1887.*

DROIT, JURISPRUDENCE ET LINGUISTIQUE

COGORDAN (George), Attaché au ministère des Affaires étrangères.

N° **388**. — DE L'ACQUISITION ET DE LA PERTE DU DROIT DE CITÉ A ROME, ET LA QUALITÉ DE FRANÇAIS. — *In-8° de* 291 *pages*; *Paris*, 1877.

MAYRAS (Léopold), Docteur en droit.

N° — **389**. — DE LA CITÉ ROMAINE ET DE LA NATURALISATION EN FRANCE. — *In-8° de* 208 *pages*; *notes manuscrites ajoutées par L. A., ancien procureur impérial, et coupures de journaux*; *Paris*, 1887.

COIN-DELISLE, Avocat.

N° **390**. — NATIONALITÉ DES ENFANTS NÉS EN FRANCE ET A L'ÉTRANGER. — *In-8° de* 48 *pages*; *Paris*, 1864.

VACHEROT (Arsène), Maître des requêtes au conseil d'État.

N° **391**. — LA LÉGISLATION NOUVELLE SUR LA NATIONALITÉ. — *In-8° de* 16 *pages*.

COLLIER (Arthur), Chef de bureau à la mairie du Panthéon.

N° **392**. — TENUE DE L'ÉTAT CIVIL EN FRANCE, ET LÉGISLATION ÉTRANGÈRE SUR LE MARIAGE. — *In-8° de* 312 *pages*; *Paris*, 1864.

CHAMBERNON

N° **393**. — DE LA RÉVOCATION DES TESTAMENTS. — *Caen*, 1868.

MOURLON et DE SAINT-HILAIRE

N° 394. — Formulaire général des notaires. — *In-8° de 817 pages, modèles pour avoués, huissiers, etc.; Paris, 1862.*

SIREY

N° 395. — Codes annotés, refondus par Gilbert et Faustin Hélie. — *Grand in-4° en trois parties de 606, 487 et 546 pages chaque; Paris, 1851.*

BOURLAMAQUI, Conseiller d'Etat suisse.

N° 396. — Principes du droit naturel. — *In-4° de 352 pages, relié parchemin du temps; Genève, 1747.*

SILVESTRE (Henri)

N° 397. — Réforme judiciaire d'Egypte. — *In-8° de 104 pages avec hommages de l'auteur au comte de L. de N.; Marseille, 1875.* (V. n° 456.)

HENNEQUIN (Félicien-Louis-Joseph)

N° 398. — Du payement avec subrogation, du payement par intervention. — *Avec dédicace à son ami L. N.; Paris, 1872.*

PAUL BERTON, Conseiller à la Cour d'appel d'Orléans.

N° 399. — L'art de faire soi-même son testament. — *In-8°, de 396 pages; Paris, 1891.*

CHARVILLAC, Procureur impérial.

N° 400. — Manuel des maires et adjoints. — *Deux volumes in-8° de 388 et 376 pages avec un guide des juges de paix et commissaires de police; Paris, 1855.*

CHEVALIER

N° **401**. — De l'inaliénabilité du fond dotal. — *Caen*, 1864.

COLLET-DECOSTILLS

N° **402**. — Des partages d'ascendants. — *Caen*, 1865.

BLANC DU COLLET, Procureur de la République.

N° **403**. — Le consentement au mariage. — 99 *pages, avec dédicace à son ami le prince de L. de N.; Paris*, 1896.

DANIEL (le Père)

N° **404**. — Le mariage chrétien et le code Napoléon. — *In-8° de* 236 *pages; Paris*, 1870.

DE MADRE, Notaire à Paris.

N° **405**. — Formulaire pour les contrats de mariage. — *In-4° de* 95 *pages; Paris*, 1857.

TABLEAUX DE L'ORDRE DES AVOCATS

N° **406**. — Au Conseil d'État, a la Cour de cassation et aux conseils du Roy depuis 1817, et de 1739 à 1791. — *In-4°, de* 219 *pages relié; Paris*, 1880.

CANLY (l'Abbé E.)

N° **407**. — Cours d'instruction religieuse. — *In-8°, de* 568 *pages, relié veau bleu fin doré, signé R. Petit; Paris*, 1884.

LEBRUN (le Père P.)

N° **408**. — EXPLICATION DES PRIÈRES DE LA MESSE. — *In-8°, de 548 pages; belle reliure ; Besançon, 1844.*

MANUEL DES ŒUVRES ET INSTITUTIONS RELIGIEUSES DE LA FRANCE

N° **409**. — *In-8°, de 646 pages, belle reliure, signé R. Petit, veau vert, filets d'or, dos chagrin, de l'Imprimerie Nationale ; Paris, 1877.*

ARBOUX (Jules)

N° **410**. — MANUEL DE L'ASSISTANCE A PARIS. — *In-8°, de 176 pages, donnant les institutions de l'État, de la ville, œuvres des différents cultes, hôpitaux, hospices, statistique et législation; Paris, 1883.*

N° **411**. — MANUEL DES INSTITUTIONS RELIGIEUSES. — MANUEL DE L'ASSISTANCE DE PARIS. — *In-8°, relié belle reliure; Paris, 1883.*

DE LA BRIÈRE

N° **412**. — LETTRE D'UN ZOUAVE PONTIFICAL. — *Petit in-8°, de 249 pages, reliure fine ; Paris, 1880.*

ANNUAIRE DE PARIS

N° **413**. — *In-8°, de 358 pages relié, dos veau orné. Statistique sur un plan autres que les ouvrages similaires. 1872.*

VILLE DE PARIS

N° **414** — VOIES PUBLIQUES ET PRIVÉES. — *In-4°, de 590 pages, relié, veau rouge, dos orné. Statistique historique; Paris, 1881.*

DALLOZ

N° **415**. — Formulaire du notariat. — *Deux volumes, in-8° de 659 et 766 pages, suivi du code des notaires et de leur responsabilité, par E. Clerc; Paris,* 1872.

GERARDS (Emile)

N° **416**. — Les catacombes de Paris. — *Histoire des carrières, etc.,* 209 *pages, avec 6 gravures et deux plans; Paris,* 1892.

GERS (Paul)

N° **417**. — Paris en 1900. — *Grand in-4°, de 298 pages, illustrations nombreuses, portraits de tous les souverains, leurs représentants à Paris, tous les pavillons de l'Exposition, le détail de leur intérieur reproduit par divers procédés artistiques.*

HAUTTECŒUR (Henry)

N° **418**. — La République de San-Marino. — *In-8°, de 256 pages, cartes et vues, belle reliure; Bruxelles,* 1894.

Edité avec luxe, cet ouvrage historique a de nombreuses planches représentant les monuments et les divers sites du pays, et notes en diverses langues.

AMALRIC DE BRÉHAN, Colonel de cavalerie.

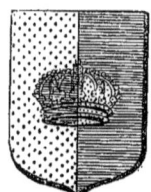

N° **419**. — Le mot et la chose. — *Deux volumes reliés en un, de 563 pages; Paris,* 1807.

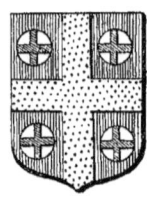

Ce curieux dictionnaire français d'étymologies, n'étant pas alphabétique, est des plus agréables à lire; presque poétique dans son instruction par les dérivés du latin.

GUIZOT

N° **420**. — Dictionnaire des synonymes. — *In-8°, de* 841 *pages,* 6° *édition, avec table; Paris,* 1864.

POITEVIN

N° **421**. — Méthode raisonnée des homonymes et paronymes. — 215 *pages; Paris,* 1898.

HURTAUT

N° **422**. — Dictionnaire des homonymes. — *In-8°, de* 631 *pages, relié veau du temps; Paris,* 1775.

FRÉVILLE

N° **423**. — Les vers homonymes et homographes. — 336 *pages, relié, Paris,* 1804. (V. n°ˢ 501, 502.)

GIRARD (l'Abbé), de l'Académie.

N° **424**. — Synonymes français. — *Deux volumes, de* 328 *et* 349 *pages, relié veau du temps; Rouen,* 1887.

PARROT

N° 425. — Principes d'étymologie naturelle basés sur l'origine des langues. — *In-4°, de 63 pages; Paris,* 1851.

LOGOTECHNIE

N° 426. — *103 pages, plusieurs milliers de mots dérivés du grec, avec l'art de les composer en français; Paris,* 1868, *chez Hachette.*

DIDIER-LOUBENS

N° 427. — Mots français tirés des langues étrangères. — *180 pages, avec les mots chinois et persans.*

LA SYNONYMIE

N° 428. — *272 pages, avec la locution vicieuse des mots usuels. Toulouse,* 1875.

DES MARAIS

N° 429. — Des tropes ou des différents sens. — *361 pages, relié veau du temps avec remarques sur les métaphores; Paris,* 1776.

BAILLAIRGÉ

N° 430. — Décomposition des mots. — *In-8°, de* 600 *pages, nouveau dictionnaire éducationnel; Québec,* 1888.

LAVAUX

N° 431. — Dictionnaire raisonné des difficultés de la langue française. — *Deux volumes in-8°, de* 739 *pages reliés; Paris,* 1822.

CLOUZET

N° **432**.— Aide-mémoire d'orthographe. — *115 pages, 10° édition, principes formulés brièvement, chez Bridon, Paris,* 1893.

LITAIS DE CAUX et VERLAC

N° **433**. — Dictionnaire synoptique de tous les verbes entièrement conjugués. — *In-4°, de 296 pages, relié. Ouvrage unique dans son genre, élucidant immédiatement toute difficulté, Paris,* 1830.

N° **434**. — Grammaire française. — *198 pages, grand in-4°.*

DAROIS

N° **435**. — Dictionnaire des dictionnaires. — *In-8° de 379 pages, relié; Paris,* 1830.

AUBERTIN

N° **436**. — Grammaire moderne des écrivains français. — *In-8°, de 484 pages, relié; Bruxelles,* 1861.

RAOUX (Edouard), de Lausanne.

N° **437**. — Ecriture phonétique. — *278 pages; Bruxelles,* 1865.

LEFORT (Jules)

N° **438**. — Grammaire de la parole. — *73 pages; Paris,* 1878

MORIN DE CLAGNY

N° **439**. — Traité de prononciation par une bonne émission de voix. — *103 pages; Paris,* 1853.

PARLONS FRANÇAIS

N° **440**. — *In-8°, de 68 pages; Genève 1899.*

Quelques remarques, dont on pourra profiter en Suisse et ailleurs.

NOEL et CHAPSAL

N° **441**. — Grammaire française. — *Edition de 1860, de 200 pages.*

Ce volume, annoté par le prince L.-N. pendant le cours de ses études au collège du Havre, en 1861, corrige les nombreuses fautes de cette grammaire et indique avec ses imperfections les contradictions qu'elle contient.

N° **442**. — *Edition Lockwood de 363 pages et d'autres de diverses époques.*

BESCHERELLE

N° **443**. — Dictionnaire national. — *Deux volumes, reliés, édition de 1866.*

WEBSTER

N° **444**. — Dictionary of the english language. — *Deux volumes reliés grand in-4°, belle édition de 1865, nombreuses planches et vignettes.*

RICHELET

N° **445**. — Dictionnaire de rimes. — *749 pages, relié veau de l'époque, édition revue par l'abbé Berthelin, chanoine du Doue; Paris, 1751.*

LANDAIS (Napoléon)

N° **446**. — Rimes françaises. — *304 pages, relié dos veau brun; Paris, 1856.*

NUTTALL

N° 447. — Pronouncing dictionary. — *In-8°, de 895 pages, relié.*

AHN

N° 448. — Méthode de la langue italienne. — *205 pages ; Paris,* 1877.

BRUN

N° 449. — Géographie antique des Alpes-Maritimes. — *In-8°, avec dédicace de l'auteur à son confrère, M. de L. N., Nice,* 1878.

N° 450. — Origine des anciens habitants des Alpes-Maritimes. — *Avec dédicace de l'auteur à son collègue, M. de L. de N.; Nice,* 1879.

DE COURMACEUL (V.)

N° 451. — Nice et la France de 1860 a 1870. — *In-8°, de 276 pages; Nice,* 1871.

ROUX (Joseph)

N° 452. — Statistique des Alpes-Maritimes. — *Deux volumes in-8°, de 588 et 487 pages ; Nice,* 1862.

PARROT (Armand)

N° 453. — Histoire de la ville de Nice. — *In-8°, de 32 pages ; Paris,* 1860.

DECAMPS (Auguste)

N° 454. — Bourges et une ancienne colonie écossaise dans le Berry. — *In-8°, avec hommage et reconnaissance de l'auteur; Lille,* 1896.

DE ZIBINN (W.)

N° 455. — Une lecture par jour. — *In-4° de 136 pages ; Nice,* 1881.

SILVESTRE (Henri), avocat, chevalier de la Légion d'honneur, commandeur du Medjidié, etc.

N° **456**. — L'isthme de Suez. — *In-8°, de 365 pages, avec cartes et pièces justificatives.* « *Témoignage affectueux de l'auteur à son collègue, le prince de L. de N.* » ; *Paris,* 1869. (V. n°ˢ 397, 315.)

LAUGEL (Auguste)

N° **457**. — Fragments d'Histoire. — *In-8° de 435 pages, relié, dos veau vert*; *Paris,* 1886.

A l'article sur Coligny et sur Alexandre Farnèse, on nomme deux membres de la famille : le général Jean et son grand-père, l'ambassadeur Henri II, baron de Norreys.

VATOUT

N° **458**. — Le château d'Eu. — *In-8° de 470 pages*; *Paris,* 1852.

Les propriétaires du château depuis les Lusignan jusqu'à nos jours.

MICHEL

N° **459**. — Atlas départemental de la France. — *Album de 94 planches gravées, avec carte repliée et vues gravées par Dandeleux.*

MONIN

N° **460**. — Atlas classique de géographie. — *40 planches co oriées*; *Paris,* 1840.

VUILLEMIN et POIRÉE

N° **461**. — Atlas illustré de la France. — *Deux volumes in-folio, reliés*; *cent cinquante cartes coloriées avec le blason de chaque préfecture, et plus de* 1.000 *pages de texte*; *Paris,* 1871.

LE GALLAIS (Armand)

N° **462**. — Ida. — *Dédicace avec hommage de l'auteur*; *Paris*, 1862.

LE TOUR DU MONDE

N° **463**. — Collection complète de 1860 à 1882. — *Quarante-quatre volumes reliés en parfait état.*

VOLNEY (comte et pair de France)

N° **464**. — Voyage en Egypte. — *Deux volumes in-8°, reliés*; *Paris*, 1822.

N° **465**. — Les ruines. — *Jolie édition, reliée pleine peau*; *Paris*, 1826.

HALLISTER

N° **466**. — Les Mines du Colorado. — *In-8° de 450 pages, relié; ouvrage en anglais*; *New-York*, 1867.

NAQUET (G.)

N° **467**. — Le Colorado et ses ressources. — *In-8°*; *Paris*, 1867.

FONTANES (Marius)

N° **468**. — Les Iraniens. Zoroastre. — *De 2.500 ans avant Jésus-Christ*; *in-8° de 439 pages*; *Paris*, 1881.

FAMIN (C.), chancelier du Consulat de France.

N° **469**. — Le musée royal de Naples. — *In-4° de 116 pages avec 41 planches gravées par Larée, du musée secret représentant les sujets, bronzes et fresques dans tous leurs détails avec texte explicatif*; *Paris*, 1832.

PHILADELPHIE

N° 470. — *Album de 50 sur 38 centimètres, de 23 vues gravées de la ville en 1800, deuxième édition de 1804, par souscription de 35 dollars.*

AUBERT (Joseph)

N° 471. — L'Anatomie appliquée au Dessin, Ostéologie, Myologie. — *In-4° de 54 pages avec 41 gravures descriptives; Paris, 1900.*

SUISSE

N° 472. — Ruines et monuments pittoresques. — *In-8°, 1re année, 1880, frontispice aux armes de Genève en chromo; chaque livraison de 8 planches, lithographie de Phantoz.*

CLERC (Alexandre)

N° 473. — Chez les Yankees. — *In-8°, de 220 pages avec gravures dans le texte.*

WALTER SCOTT

N° 474. — The Betrothed, The Highland Widow, Waverley. — *Édition anglaise de ces trois ouvrages.*

PERCIN (Henri), officier de la Légion d'honneur, chef de bataillon en retraite.

N° 475. — Les Cadres des officiers d'Administration et leur mobilisation. — *40 pages avec hommage affectueux :* « à mon cher ami L.-N. »; *Paris, 1893.*

IVAN DE WESTINE, ancien capitaine d'artillerie.

N° 476. — L'Art de combattre l'armée Allemande. — *In-8° de 76 pages avec dédicace en vers de l'auteur à son ami L.-N.; Paris, 1887.*

MARTINY DE RIEZ

N° **477**. — Histoire de la guerre de 1870. — *In-8° de 265 pages suivi de 119 pages sur la guerre civile de Paris*; Laon, 1871.

MENIER, fabricant de chocolat, etc.

N° **478**. — Des indemnités aux victimes de la guerre. — *60 pages*; Paris, 1871.

MIDDELTON (Robert)

N° **479**. — Garibaldi et ses opérations dans les Vosges. — *In-8° de 429 pages*; Paris, 1871.

DE LA RIVE

N° **480**. — Le Condottiere Giuseppe Garibaldi. — *In-8° de 370 pages*; Paris, 1892.

BORDONE (le général)

N° **481**. — L'armée des Vosges. — *In-8° de 304 pages avec cartes*; Paris, 1871.

N° **482**. — Garibaldi et l'armée des Vosges. — *In-8° de 617 pages avec documents officiels*; Paris, 1873.

N° **483**. — L'affaire Bordone. — *234 pages*; Paris, 1872.
Compte rendu du procès en cour d'assises.

PERTUISET

N° **484**. — Les aventures d'un chasseur de lions. — *In-8° de 320 pages, dédicace de l'auteur au comte de L. de N.*; Paris, 1878.

N° **485**. — Le trésor des Incas. — *In-8° de 324 pages, portrait, cartes, pièces justificatives du voyage à la « Terre de Feu », hommages de l'auteur au même.*

PLAN (Édouard)

N° 486. — Les quatre campagnes militaires de 1874. — In-8° de 348 pages; Paris, 1875.

HANS (Albert)

N° 487. — Queretaro. — Souvenir d'un officier de l'Empereur, in-8° de 354 pages et plans; Paris, 1869.

MAXIMILIEN, Empereur du Mexique.

N° 488. — Sa vie et sa mort; petit in-12.

RÈGLEMENT DU SERVICE DU GRAND ÉCUYER

N° 489. — In-4° de 43 pages et 175 articles, Imprimerie impériale, germinal, an XIII.

SCARRON (les Œuvres de M.)

N° 490. — Six volumes, reliure veau du temps doré au fer des armes du duc d'Aumont, dédiées au cardinal Mazarin, nombreuses gravures; Amsterdam, 1645.

DE SALCEDO (Pedro Maria)

N° 491. — Defensa Historica. — Quatre volumes in-8°, belle reliure pleine peau veau vert orné filets d'or de la bibliothèque du duc de Montpensier, ex libris à ses armes; Bilbao, 1851.

BAILLET et DE LA MONNOYE

N° 492. — Jugement des savants sur les principaux ouvrages. — Quatorze volumes belle édition, reliés chagrin vert aux armes dorées au fer de Gomez; Amsterdam, 1725.

DE LOSTALOT

N° **493**. — Les procédés de la gravure. — In-8° de 257 pages, relié, avec illustration; Paris, bibliothèque des beaux-arts.

LE COMTE (Jules)

N° **494**. — L'Italie et les gens du monde. — In-8° de 664 pages, belle reliure chagrin vert doré aux lions de Saint-Marc; Paris, 1844.

PÉRAU (l'Abbé)

N° **495**. — Vie de Gérome Bignon. — 162 pages, relié veau du temps; Paris, 1757.

DE RAOUSSET-BOULBON (le comte Gaston)

N° **496**. — Sa vie et ses aventures. — Par Henry de la Madeleine, in-8° de 102 pages; Paris, 1858.

FOURNIER (Édouard)

N° **497**. — L'esprit dans l'histoire et les mots historiques. — 468 pages; Paris, 1867.

N° **498**. — L'esprit des autres. — 364 pages; Paris, 1861.

GAMBINI

N° **499**. — L'art d'être érudit dans le monde. — Vocabulaire des locutions et adages, in-8° de 404 pages, table et appendice; Paris.

GAY (Sophie)

N° **500**. — Marie Mancini. — In-8° de 347 pages; Paris, 1864.

CANINI

N° **501**. — Dizionario Italiano Francese. — 1.226 *pages; Milan* 1884.

BRACHET (Auguste)

N° **502**. — L'italie que l'on voit et l'Italie que l'on ne voit pas. — *In*-8° *de* 110 *pages; Paris,* 1881. *Autre édition in*-12, *de* 191 *pages, de* 1882.

SAUNIÈRE (Paul)

N° **503**. — La connétable Colonna. — *In*-8° *de* 311 *pages.*

DASH (Comtesse)

N° **504**. — La princesse de conti. — *In*-8° *de* 305 *pages.*

BARRIÈRE

N° **505**. — Mémoires de Cléry. — *In*-8° *de* 473 *pages, suivis de ceux du duc de Montpensier; Paris,* 1864.

VALENTIN (Émile)
(E. PENCHINAT, avocat, ancien substitut à Nice, conseiller général, etc.)

N° **506**. — Louba Volanof. — *In*-8° *de* 335 *pages avec dédicace de l'auteur à son ami L.-N.; Paris,* 1890.

OSMAN-BEY

N° **507**. — Les Anglais en Orient de 1830 a 1876. — *In*-8° *de* 424 *pages; Paris,* 1877.

AUDIFFRET (Émile)

N° **508**. — Note d'un globe-trotter. — *In*-8°; *Paris,* 1880.

LE KORAN

N° **509**. — Traduction de Kasmurski. — *In-8° ; Paris*, 1864.

CRÉMIEUX-FOA (Ernest)

N° **510**. — La campagne antisémiste et les duels. — *In-4° de* 103 *pages, fac-similés, reproduction de lettres, pièces justificatives ; Paris*, 1892.

DRAMARD (Louis)

N° **511**. — Voyage au pays des proscrits. — 105 *pages* ; *Paris*, 1879.

GIBERT (Edouard), docteur en droit.

N° **512**. — Les hommes et les choses néfastes. — *Paris*, 1898.

VERCHERIN (J.-A.-A.)

N° **513**. — La monarchie nécessaire en Espagne. — *In-8° de* 64 *pages* ; *Paris*, 1890.

MEULEMANS (Auguste)

N° **514**. — Études historiques et statistiques. — *In-8° de* 311 *pages ; Bruxelles*, 1876.

MALO (Charles)

N° **515**. — Hommes et femmes. — *La vérité en riant, in-8° de* 227 *pages ; Paris*, 1871.

MÉMOIRES DE CANLER

N° **516**. — *Deux volumes in-8° de* 475 *pages,* 2° *édition ; Paris,* 1882.

MOUTET (Etienne)

N° 517. — Chute infaillible des usurpateurs chez tous les peuples. — 121 *pages*; *Paris*, 1841.

BARRAIA — COLONNA (L'Affaire)

N° 518. — Plaidoirie de M° Lairolle. — *546 pages, avec nombreuses coupures de journaux sur cet avocat*; *Nice*, 1885.

BEAUMARCHAIS (Mémoires de)

N° 519. — *In-8°*; *Paris*, 1872.

GERDEBAT (Louis)

N° 520. — Garcia devant l'opinion publique. — *In-8° de 45 pages*; *Paris*, 1873.

BRUNZWICK (Le duc de)

N° 521. — Catalogue des brillants de sa collection. — *In-4° de 268 pages, relié à ses armes en couleur, de 11 centimètres sur 15, avec dix grands colliers d'ordres*; *Paris, chez Chauvet*, 1860.

Ces pages, tranche dorée, donnent l'origine de la pierre, la date de son entrée dans la collection, son poids, sa forme, sa taille, son prix, etc., etc.

COOPER (J.-F.), traduction de Mlle Preble.

N° 522. — Lettres sur les mœurs des Etats-Unis. — *Quatre volumes reliés*; *Paris*, 1828.

DARIMON (Alfred)

N° 523. — Les irréconciliables sous l'Empire. — *In-8° de 440 pages; Paris, 1888.*

MEADE (The Bishop)

N° 524. — Old churches of Verginia. — *Deux volumes reliés, de 490 et 496 pages, in-8°, avec nombreuses illustrations; 1861.*

Quoique ce bon prêtre ne parle que de ceux qui sont de sa chapelle, il y a en tête un intéressant portrait gravé, reproduction de l'original de 1616, de Matoaks, fille du puissant prince Powhatan, Empereur de Virginie.

JERRY (Thomas)

N° 525. — How to mix drinks. — *In-8° de 244 pages, relié; New-York.*

DE BARRERA (Madame)

N° 526. — The lovers of Teruel. — *In-8°, belle reliure pleine peau chagrin vert, filets or.*

ASSELIVE (Alfred)

N° 527. — Les grandes amoureuses, Mme de Monaco.

MAHALIN (Paul)

N° 528. — Les jolies actrices de Paris. — *In-8° de 251 pages; Paris, 1868.*

JOUET DE LANCIDUAIS, ancien officier de cavalerie.

N° 529. — Le trente-et-quarante dévoilé. — *In-8° de 159 pages; 1859.*

TRENTE-ET-QUARANTE

N° 530. — Manière de faire en six mois, plus de cinquante capitaux. *Par un ancien notaire.*

N° 531. — Nouvelle manière pour gagner au trente-et-quarante. — *In-8° de 28 pages*; 1880.

NOIRE ET ROUGE

N° 532. — Tableaux synoptiques des chances.

BLUET (G.)

N° 533. — Révélation sur les tricheries au baccara. — 199 *pages avec figures*; *Lyon*, 1904.

N° 534. — Le dessous des cartes dans les casinos. — 105 *pages*; *Lyon.*

DE MAGNY (Jules G.)

N° 535. — Manuel pratique de la Bourse. — 100 *pages*; *Paris*, 1860.

MARIN

N° 536. — La Bourse expliquée a tout le monde. — 212 *pages, in-8°*; *Paris*, 1887.

A, B, C DE LA BOURSE

N° 537. — 115 *pages*; *Paris*, 1874.

JOURNAUD (P.)

N° 538. — La clé de la Bourse. — 77 *pages, in-8°.*

PORTEFEUILLES DE COLLECTIONS

N° **539**. — CARTONS DES PÉRIODIQUES ILLUSTRÉS. — *Cinq in-folios plano, contenant chacun de* 100 *à* 200 *numéros de journaux satiriques dont les dessins ont fait sensation de* 1870 *à* 1900.

N° **540**. — VOLUMES CLASSEURS DE JOURNAUX. — *Quatre grands in-folio, reliure forte, peau verte, coins cuivre et dos renforcé cuivre, renfermant plus de* 10.000 *feuilles, avec plans, cartes.*

N° **541**. — CAHIERS A ONGLETS. — *In-folios renfermant une réunion d'articles, extraits des journaux ayant publié des jugements des tribunaux sur des procès en rapport avec le droit nobiliaire, commentaires divers, de* 1870 *à* 1900.

COLLECTIONS DE TIMBRES-POSTE

N° **542**. — DEUX ALBUMS DE 1.000 ET 10.000 ESPÈCES TOUTES DIFFÉRENTES, RÉUNIES DEPUIS 1865. — *Réunion multiple de timbres divers de tous pays, en double.*

RÉUNION DE BILLETS

N° **543**. — CAHIERS RÉUNISSANT, COLLÉS SUR FEUILLES BLANCHES, DIVERS SOUVENIRS. — 1° *Près de* 500 *billets de chemins de fer, bateaux à vapeur, tramways, ascensions ou descentes sous terre dans divers pays du monde;*

2° *Cartes des divers cercles, avec lettres d'admission, réunions, sociétés, compagnies diverses.*

3° *Mille bagues des cigares les plus renommés, depuis leur invention, avec les différentes marques des tabacs;*

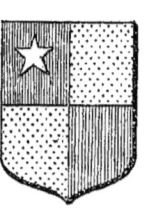

PARIS. — L. MARETHEUX, IMPRIMEUR

1, RUE CASSETTE, 1

   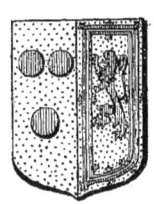 

www.ingramcontent.com/pod-product-compliance
Lightning Source LLC
Chambersburg PA
CBHW070626170426
43200CB00010B/1925